阳明心学六讲

PHILOSOPHY OF WANG YANGMING

章太炎 马宗荣
谢无量 梁启超
吕思勉 高濑武次郎
†
著

新世界出版社
NEW WORLD PRESS

图书在版编目（CIP）数据

阳明心学六讲 / 章太炎等著 . -- 北京 : 新世界出版社 , 2023.8
ISBN 978-7-5104-7661-7

Ⅰ . ①阳… Ⅱ . ①章… Ⅲ . ①王守仁（1472-1528）—心学—研究 Ⅳ . ①B248.25

中国国家版本馆 CIP 数据核字 (2023) 第 043881 号

阳明心学六讲

作　　者：章太炎　马宗荣　谢无量　梁启超　吕思勉　高濑武次郎
责任编辑：张晓翠
责任校对：宣　慧　张杰楠
责任印制：王宝根
出　　版：新世界出版社
网　　址：http://www.nwp.com.cn
社　　址：北京西城区百万庄大街 24 号（100037）
发 行 部：(010)6899 5968（电话）　(010)6899 0635（电话）
总 编 室：(010)6899 5424（电话）　(010)6832 6679（传真）
版 权 部：+8610 6899 6306（电话）　nwpcd@sina.com（电邮）
印　　刷：天津旭丰源印刷有限公司
经　　销：新华书店
开　　本：880mm × 1230mm　1/32　尺寸：145mm × 210mm
字　　数：180 千字　印张：8
版　　次：2023 年 8 月第 1 版　2023 年 8 月第 1 次印刷
书　　号：ISBN 978-7-5104-7661-7
定　　价：48.00 元

目 录

/第一讲/

章太炎·哲学之派别

引　言

“哲学”一名词，已为一般人所通用，其实不甚精当。“哲”训作“知”，然则“哲学”是求知的学问，未免太浅狭了。不过，习惯相承，也难一时改换，并且也很难得一比此更精当的。南北朝号“哲学”为“玄学”，但当时“玄”“儒”“史”“文”四者并称，“玄学”别“儒”而独立，也未可用以代“哲学”。至宋人所谓“道学”和“理学”是当时专门名辞，也不十分适用。今姑且用“哲学”二字罢。

讨论哲学的，在国学中以子部为最多，经部中虽有极少部分与哲学有关，但大部分是为别种目的而作的。以《易》而论，看起来像是讨论哲学的书，其实是古代社会学，只《易·系辞》中谈些哲理罢了。《论语》，后人称之为“经”，在当时也只算是子书。此书半是“伦理道德学”，半是论哲理的。“九流”的成立，也不过为适应当时需求，其中若“纵横家”是政客的技术，“阴阳家”是荒谬的迷信，“农家”是种植的技艺，“杂家”是杂乱的主张，都和哲学无关。和哲学最有关系的，要算儒、道二家，其他要算法家、墨家、名家了。“道家”出于史官，和《易》相同。老、庄二子的主张都和哲学有牵涉的。管子也是道家，也有小部分是和哲学有关的。儒家除《论语》一书外，还有《孟子》《荀子》都曾谈论哲理。名家是治“正名定分之学”，就是现代的伦理学，可算是哲学的一部分。尹文子、公孙龙子和《庄子》所称述的惠子，都是治这种学问的。惠子和公孙龙子主用奇怪的论调，务使人为我所驳倒，就是希腊所谓“诡辩学派”。《荀子·正名》篇，研究名学也很精当。墨子本为宗教家，但《墨子·经上》《墨子·经下》二篇是极好的名学。法家本为应用的，而韩非子治法家之学自谓出于老子，他有《韩非子·解老》《韩非子·喻老》二篇，太史公也把他和老、庄合传，其中也有一部分有关哲理的。儒家、道家和法家的不同就在出发点上：儒、道二家是以哲理为基本而推衍到政治和道德的，法家是旁及哲理罢了。如宋牼（即宋钘），《汉书·艺文志》把他归在小说家，其实他却有哲理的见解。庄子推宋牼为一家，《荀子·解蔽》篇驳宋牼的话很多，想宋牼的主张在当时很流行，他是主张非兵的。宋牼所以算作小说家，因为他和别家不同：别家是用高深的学理和门人研究；他是逢人便说，陈义很浅的。

先秦诸子

周秦诸子，道、儒两家所见独到。这两家本是同源，后来才分离的。《史记》载孔子受业于徵藏史，已可见孔子学说的渊源。老子道德的根本主张是“上德不德”，就是无道德可见，才可谓之为真道德。孔子的道德主张也和这种差不多，就是孟子所谓“由仁义行，非行仁义也”，也和老子主张一样的。道、儒两家的政治主张略有异同：道家范围大，对于一切破除净尽；儒家范围狭小，对于现行制度尚是虚与委蛇。也可以说是“其殊在量，非在质也”。老子为久远计，并且他没有一些名利观念，所以敢放胆说出；孔子急急想要做官，竟是“三月无君，则皇皇如也”，如何敢放胆说话呢？！

儒家之学，在《韩非子·显学》篇说是“儒分为八”，有所谓“颜氏之儒”。颜回是孔子极得意的门生，曾承孔子许多赞美，当然有特别造就。但孟子和荀子是儒家，记载颜子的话很少，并且很浅薄。《庄子》载孔子和颜回的谈论却很多。可见颜氏的学问，儒家没曾传，反传于道家了。《庄子》有极赞孔子处，也有极诽谤孔子处；对于颜回，只有赞无议，可见庄子对于颜回是极佩服的。庄子所以连孔子也要加以抨击，也因战国时学者托于孔子的很多，不如把孔子也驳斥，免得他们借孔子做护符。照这样看来，道家传于孔子为儒家；孔子传颜回，再传至庄子，又入道家了。至韩退之以庄子为子夏门人，因此说庄子也是儒家。这是“率尔之论，未尝订入实录”。他因为庄子曾称田子方，遂谓子方是庄子的先生。那么，《庄子·让王》篇也曾举曾原、则阳、无鬼、庚桑诸子，也都列名在篇目，都可算作庄子的先生吗？

孟子，《史记》说他是“受业子思之门”。宋人说子思是出于曾子之门。这是臆测之词，古无此说。《中庸》中虽曾引曾子的话，也不能断定子思是出于曾子的。至谓《大学》是曾子所作，也是宋人杜撰，不可信的。子思在《中庸》所主张确含神道设教的意味，颇近宗教；《孟子》却一些也没有。《荀子·非十二子》篇，对于子思、孟子均有诽议，说他们是信仰五行的。孟子信五行之说，今已无证据可考，或者外篇已失，内篇原是没有这种论调的。子思在《礼记》中确已讲过五行的话。

荀子的学问究源出何人，古无定论。他尝称仲尼、子弓。子弓是谁，我们无从考出。有人说，子弓就是子张。子张在孔子门人中不算卓异的人才，如何会是他呢？今人考出子弓就是仲弓，这也有理。仲弓的学问也为孔子所赞许，造就当有可观。郑康成《六艺论》说，仲弓是编辑《论语》的。而《荀子》一书，体裁也是仿效《论语》的，《论语》以《论语·学而》篇始，以《论语·尧曰》篇终，荀子也以

《荀子·劝学》篇始，以《荀子·尧问》篇终。其中岂非有蛛丝马迹可寻吗？荀子和孟子虽是都称儒家，而两人学问的来源大不同。荀子是精于制度典章之学，所以“隆礼仪而杀《诗》《书》”，他书中的《荀子·王制》《荀子·礼论》《荀子·乐论》等篇，可推独步。孟子通古今，长于《诗》《书》，而于《礼》甚疏；他讲王政，讲来讲去，只有“五亩之宅，树之以桑；鸡豚狗彘之畜，无失其时；百亩之田，勿夺其时”等话，简陋不堪，哪能及荀子的博大！但孟子讲《诗》《书》的确好极，他的小学也很精，他所说的“庠者，养也”“洚水者，洪水也”“畜君者，好君也”等，真可冠绝当代！由他们两人根本学问的不同，所以产生“性善”“性恶”两大反对的主张。荀子主礼仪，而礼仪多由人为，因此说人性本恶，经了人为，乃走上善的路。孟子是主《诗》《书》，而《诗》是陶淑性情的，《书》是养成才气的，感情和才气都自天然，所以认定人性本善。两家的高下原难以判定。韩退之以大醇小疵定之，可谓鄙陋之见，实在汉代治儒家之学，没有能及荀、孟两家了。

告子，庄子说他是兼学儒、墨，孟子和他有辩驳，墨子也排斥他的“仁内义外”的主张。墨、孟去近百年，告子如何能并见？或者当时学问是世代相传的。告子的“生之为性，无善无不善”的主张，看起来比荀、孟都高一着。荀、孟是以所学定其主张，告子是超乎所学而出主张的。告子口才不及孟子，因此被孟子立刻驳倒。其实，孟子把“犬之性犹牛之性，牛之性犹人之性欤？”一语难告子，告子也何妨说“生之为性，犬之生犹牛之生，牛之生犹人之生”呢？考“性”亦可训作“生”，古人所谓“毁不灭性”的“性”字就是“生”的意义，并且我们也常说“性命”一语呢！

道家的庄子以时代论，比荀子早些，和孟子同时，终没曾见过一面。庄子是宋人，宋和梁接近，庄子和惠子往来。惠子又为梁相，孟子在梁颇久，本有会面的机会，但孟子本性不欢喜和人家往来，彼此学问又不同，就不会见了。

庄子自以为和老子不同，《庄子・天下》篇是偏于孔子的，但庄子的根本学说和老子相去不远。不过老子的主张使人不容易捉摸，庄子的主张比较容易明白些。

庄子的根本主张就是"自由平等"。而"自由平等"的愿望是人类所共同的，无论哪一种宗教也都标出这四个字。"自由平等"见于佛经。"自由"，在佛经中称为"自在"。庄子发明"自由平等"之义，在《庄子・逍遥游》《庄子・齐物论》二篇。"逍遥游"者，自由也；"齐物论"者，平等也。但庄子的自由平等，和近人所称的，又有些不同。近人所谓"自由"，是在人和人当中发生的，我不应侵犯人的自由，人亦不应侵犯我的自由。《庄子・逍遥游》所谓"自由"，是归根结底到"无待"两字。他以为人与人之间的自由不能算数，在饥来想吃、寒来想衣的时候，就不自由了。就是列子御风而行，大鹏自北冥徙南冥，皆有待于风，也不能算自由。真自由惟有"无待"才可以做到。近人所谓"平等"，是指人和人的平等，那人和禽兽草木之间还是不平等的。佛法（佛教名词，指佛教各种教义和佛教"真理"）中所谓"平等"，已把人和禽兽平等。庄子却更进一步，与物都平等了。仅是平等，他还以为未足。他以为"是非之心存焉"尚是不平等，必要去是非之心，才是平等。庄子临死有"以不平平，其平也不平"一语，是他"平等"的注脚。

庄子要求平等自由，即如上述。如何而能达到平等自由？他的话很多，差不多和佛法相近。《庄子·庚桑楚》篇中，朱文公说他全是禅（宋人凡关于佛法，皆称为“禅”），实在《庄子·庚桑楚》篇和禅尚有别，和佛法真很近了。庄子说“灵台者有持”，就是佛法的阿陀那识，而“阿陀那”意即“持”。我们申而言之，可以说，眼、目、口、鼻所以能运动自由，都有持之者，即谓“持生之本也”。《庄子》又有《庄子·德充符》篇，其中有王骀者，并由仲尼称述他的主张。是否有此人，原不可知，或是庄子所假托的。我们就常季所称述“彼为己，以其知得其心，以其心得其常心”等语，是和佛法又相同的。“知”就是“意识”，而“心”就是阿陀那识，或称阿赖耶识，简单说起来就是“我”。而“常心”就是庵摩罗识，或称“真如心”，就是“不生不灭之心”。佛家主张打破阿赖耶识，以求庵摩罗识。因为阿赖耶识存在，人总有妄想苦恼，唯能打破生命之现象，那“不生不灭之心”才会出现。庄子求常心也是此理，他也以为常心是非寻常所能知道的。庄子“无我”的主张也和佛法相同，庄子的“无我”和孔子的“毋我”、颜子的“克己复礼”也相同，即一己与万物同化，今人所谓融“小我”于“大我”之中。这种高深主张，孟、荀见不到此，原来孔子也只推许颜回是悟此道的。所以庄子面目上是道家，也可说是儒家。

自孔子至战国，其间学说纷起，都有精辟的见解，真是可以使我们景仰的。

战国处士横议，秦始皇所最愤恨，就下“焚书坑儒”等凶辣手段。汉初虽有人治经学，对于“九流”，依旧怀恨，差不多和现在一般人切齿政客一般。汉武帝时，学校只许读经学，排斥诸子百家。

汉唐演变

汉初经学，一无可取，像董仲舒、公孙弘辈，在当时要算通博之儒，其他更何足论！西汉一代，对于哲理有精深研究的，只有扬雄一人。韩退之把荀、扬并称，推尊他已达极点。实在扬雄的学说和荀、孟相差已多，秦汉以后的儒家原没有及荀、孟的，不过扬雄在当时自有相当的地位和价值。西汉学者迷信极重，扬雄能够不染积习，已是高人一着。他的《法言》全仿《论语》，连句调都有些模拟，但终究不及《荀子》。宋人说，“荀子才高，扬子才短”，可称定评。

东汉学者迷信渐除，而哲理方面的发现仍是很少，儒家在此时渐出，王符《潜夫论》、王充《论衡》，可称为卓异的著述。王符专讲政治，和哲理无关。王充（也有归入杂家的）在《论衡》中几于无迷不破，《论衡·龙虚》《论衡·雷虚》《论衡·福虚》等篇，真是独具只眼。他的思想锐敏已极，但未免过分，《论衡·问孔》《论衡·刺孟》等篇有些过当之处。他又因才高不遇，命运一端，总看不破，也是遗恨。王充破迷信高出扬雄之上，扬雄新见解也出王充之上，这两人在两汉是前后辉映的。

汉人通经致用，最为曹操所不欢喜。他用移风易俗的方法把学者都赶到吟咏一途，因此，三国的诗歌很有声色。这是曹操手段高出秦始皇处。

魏晋两朝变乱很多，大家都感着痛苦，厌世主义因此产生。当时儒家迂腐，为人所厌，魏文帝辈又欢喜援引尧、舜，竟要说“舜、禹之事，吾知之矣”。所以，“竹林七贤”便“非尧、舜，薄汤、武”了。“七贤”中嵇康、阮籍辈的主张和哲学没有关系。魏朝，只何晏、王弼的主张含些哲学。何晏说“圣人无情”，王弼说“圣人茂于人者，神明；同于人者，五情”，这是两个重要的见解。郭象承何晏之说以解《庄子》，他说：“子哭之恸，在孔子也不过人哭亦哭，并非有情的。”据他的见解，圣人竟是木头一般了。佛法中有“大乘”“小乘”（按大乘、小乘是佛教派别名），习“小乘”成功，人也就麻木；习“大乘”未达到成佛的地位，依旧有七情的。

自魏晋至六朝，其间佛法入中国，当时治经者极少，远公（晋释慧远）是治经的大师。他非但有功佛法，并且讲《毛诗》、讲《仪礼》极精，后来治经者差不多都是他的弟子。佛法入中国，所以为一般人所信仰，是有极大原因：学者对于儒家觉得太浅薄，因此弃儒习老、庄，而老、庄之学又太无礼法规则，彼此都感到不安。佛法合乎老、庄，又不猖狂，适合脾胃，大家认为非此无可求了。当时《弘明集》治佛法，多取佛法和老、庄相引证。才高的人，都归入此道，猖狂之风渐息。

历观中国古代，在太平安宁之时，治哲学的极少，等到乱世，才有人研究。隋唐统一天下，讲哲理的只有和尚，并且门户之见很深，和儒家更不相容。唐代读书人极不愿意研究，才高的都出家做和尚去。我们在这一代中只能在文人中指出三人：一、韩昌黎，二、柳子厚，三、李翱。韩昌黎见道不明，《原道》一篇对于释、老只有武断的驳斥。柳子厚较韩稍高，他以为"天是无知的"。李翱（韩昌黎的侄倩）是最有学识的文人，他著的《复性书》说"斋戒其心，未离乎情；知本无所思，则动静皆离"，和禅宗（中国佛教宗派，以专修禅定而得名）很近了。李后来事药山（唐代名僧），韩后来事大颠（佛教禅宗南派慧能三传弟子，自号大颠和尚）。李和药山是意气相投，韩被贬潮州以后，意气颓唐，不得已而习佛法。韩习佛法，外面还不肯直认，和朋友通信，还说佛法外形骸是他所同意的。儒家为自己的体面计，往往讳言韩事大颠，岂不可笑！实在韩自被贬潮州以后，人格就堕落了，上表请封禅，就是献媚之举，和扬雄献符命有甚么区别呢？大颠对于韩请封禅一事，曾说："疮痍未起，安请封禅！"韩的内幕又被揭穿，所以韩对于大颠从而不敢违。韩对于死生利禄之念刻刻不忘，登华山大哭、作《送穷文》是真正的证据。韩、柳、李而外，王维、白居易也信佛，但主张难以考见，因为他们是不说出来的。

宋明理学

七国、六朝之乱，是上流社会的争夺。五代之乱，是下流社会崛起，所以五代学术衰微极了。宋初，赵普、李沆辈也称知理之人，赵普并且自夸“半部《论语》治天下”，那时还说不到哲理。后来周敦颐出，才辟出哲理的新境域。在周以前有僧契嵩，著有《镡津文集》，劝人读《中庸》、《文中子》、扬子《法言》等书，是宋学（宋儒理学，为别于汉学，称为宋学，也称为道学）的渊源。周从僧寿崖，寿崖劝周只要改头换面，所以，周所著《太极图说》《周子通书》只皮相是儒家罢了。周的学说很圆滑，不易琢磨，和《老子》一般，他对“二程”只说：“寻孔、颜乐处。”他终身寡言，自己不曾标榜，也可以说是道学以外的人。

“二程”都是周的弟子，对于“寻孔、颜乐处”一话，恐怕只有程明道（程颢）能做到。明道对人和颜悦色，无事如泥木人，他所著《定性书》《识仁篇》和李翱相近。他说不要“防检”“穷索”，又说“与其非外而是内，不如内外之两忘也”，见解是很精辟的。伊川（程颐）陈义虽高，但他自尊自大，有很多自以为是之处，恐怕不见得能得孔、颜乐处。邵康节（邵雍）以“生姜树头生”一语讥伊川，就是说他自信过甚。

邵康节本为阴阳家，不能说是儒家，他的学问自陈抟传来，有几分近墨子。张横渠（张载）外守礼仪，颇近儒，学问却同于回教（伊斯兰教在中国的旧称，1956年后统称伊斯兰教）。佛家有“见病”一义，就是说一切所见都是眼病。张对此极力推翻，他是主张一切都是实有的。考回纥自唐代入中国，奉摩尼教，教义和回教相近。景教在唐也已入中国，如清虚一大为天，也和回教相同。张子或许是从回教求得的。

北宋诸学者，周子浑然元气，邵子迷于五行，张子偏于执拗，“二程”以明道为精深，伊川殊欠涵养，这是我的判断。

南宋，永嘉派承“二程”之学，专讲政治；金华派吕东莱辈专讲掌故，和哲理无关。朱文公师事延平（李侗），承“默坐澄心，体认天理”八字的师训。我们在此先把“天理”下一定义。“天”就是“自然”，而“天理”就是“自然之理”。朱文公终身对于“天理”总没曾体认出来；生平的主张，晚年又悔悟了。陆象山（陆九渊）和朱相反对。朱是揭“道学问”一义，陆是揭“尊德性”一义。比较起来，陆高于朱，陆“先立乎其大者”，谓“‘六经’注我，我不注‘六经’”，是主张一切皆出自心的。朱主张“无极太极”，陆则以为只有“太极”，并无“无极”。两人通信辩论很多，虽未至诋毁的地步，但悻悻之气已现于词句间。可见，两人的修养都没有工夫。陆象山评“二程”，谓“明道尚疏通，伊川锢蔽生”，实在朱、陆的锢蔽比伊川更深咧。朱时守时变，陆是一生不变的。王荆公（王安石）为宋人所最嫉恶，惟陆以与王同为江西人，所以极力称颂，也可见他的意气了。明王阳明之学本高出陆象山之上，因为不敢自我作古，要攻讦朱文公，不得不攀附于陆象山了。

陆象山的学生杨慈湖见解也比陆高，他所著的《绝四记》《己易》二书原无甚精采，《己易》中仍是陆氏的主张。但杨氏驳《孟子》“求放心”和《大学》“正心”的主张说：“心本不邪，安用正？心不放，安用求？”确是朱、陆所见不到的。黄佐（广东人）指杨氏的学说是剽窃六祖慧能的主张，六祖的“菩提本无树，明镜亦非台，本来无一物，何处染尘埃”一偈，确是和杨氏的主张一样的。

宋代的哲学，总括说起来：北宋不露锋芒，南宋锋芒太露了。这或者和南北地方的性格有关。

南宋，朱、陆两派可称是旗鼓相当。陆后传至杨慈湖，学说是更高一步。在江西，陆的学说很流行，浙西也有信仰他的。朱的学说在福建很流行，后来金华学派归附于他，浙东士子对朱很是信仰。

元朝，陆派的名儒要推吴澄（草庐），但其见解不甚高。朱派仅有金华派传他的学说，金履祥（仁山）、王柏（会之）、许谦（白云）是这一派的巨擘。金履祥偶亦说经，立论却也平庸。许谦也不过如此。王柏和朱很接近，荒谬之处也很多，他竟自删《诗》了。

金华派传至明初，宋濂承其学，也只能说他是博览，于“经”于“理”都没有什么表见。宋之弟子方孝孺（正学）对于理学很少说，灭族（明成祖为燕王时，兵入南京，方不肯为之草写登极诏书，被杀，并灭十族——九族及方的学生，死者达八百七十余人）以后，金华派也就式微。明初，陆派很不流行，已散漫不能成派，这也因明太祖尊朱太过之故。

明自永乐后，学者自有研究，和朱、陆都不相同，学说也各有建树。

永乐时，薛、吴二人颇有研究，立明代哲学之基。薛瑄（敬轩），陕西人，立论很平正，和朱文公颇相近。明人因为于谦被杀时，他居宰辅地位，不能匡救，很有微词，并且因此轻视他。吴与弼（康斋），家居躬耕，读书虽少，能主苦学力行，很为人所推重。后来他由石亨推荐出仕，对石亨称门下士，士流又引以为耻。

薛的学问很少流传。吴的学问流传较广。胡居仁、娄谅和陈献章三人是他的学生。胡自己没有什么新的发明，明人对他也没有反对。娄的著作后来烧毁净尽，已无可考，不过王阳明是他的学生。陈在胡死后才著名，时人称之为“白沙先生”。

明代学者和宋儒厘然独立，自成系统。自陈白沙始，宋人欢喜著书，并且有“语录”之类。陈白沙认著书为无谓，生平只有诗和序跋之类。他的性质也和别人不同。初时在阳春坛静坐三年，后来只是游山赋诗，弟子从学也只有跟他游山。陈生平所最佩服的只是“浴乎沂，风乎舞雩，咏而归……吾与点也”这些话，对于宋儒都不看重，就是明道也不甚推重。他自以为濂溪（周敦颐）嫡派，终日无一时不乐。白沙弟子湛若水，广东人，本“体认天理”一语。他以为，无论何事，皆自然之规则。王阳明成进士时和他交游，那时他学问高出王之上。后来，王别有研究，和他意见不甚相合。他自己讲学，流传颇广，知其名的却很少。

王守仁（阳明）本是欢喜研究道教的，曾延道士至家，再四拜求。后来从娄谅游，成进士后又和湛往来，见解遂有变更。被贬龙场驿丞（王早年因反对宦官刘瑾被贬官）以后，阳明的学问大进。他看得世间别无可怕，只有死是可怕的，所以造石棺以尝死的况味。他所主张的“致良知”，就在卧石棺时悟出。在贵州时，有些苗民很崇拜他，从他讲求学问，阳明把“知行合一”和他们说。阳明的“知行合一”和明道有些相同。明道以为曾经试行过，才算得“知”，没曾试行过，不能称为“知”，譬如不知道虎之凶猛的人，见虎不怕，受过虎伤害的，就要谈虎色变了。这类主张渐变而为阳明的主张。阳明以为知即是行，也可说知的恳切处即行，行的精粹处即知。不过，阳明的“知行合一”主张，是在贵州时讲的；后来到了南京，专讲静坐；归江西后又讲“致良知”了。《传习录》是他在贵州时的产品，和后来有些不合。

阳明自悟得“致良知”以后，和朱文公不能不处于反对地位，并非专和朱反对才有这些主张的。有人谓“致良知”的主张，宋胡宏在《胡子知言》已有讲起。阳明是否本之于胡，抑自己悟出，这是不能臆断的。阳明讲“良知”曾攀附到孟子，实在孟子的“良知”和他的殊不相同。孟子说：“人之所不学而能者，其良能也；所不虑而知者，其良知也。孩提之童，无不知爱其亲者，及其长也，无不知敬其兄也。”可见，他专就感情立论。阳明以为，一念之生，是善是恶，自己便能知道，是溢出感情以外，范围较广了。孟子和阳明的不同可用佛法来证明。《唯识论》里说：一念的发生，便夹着相分、见分、自证分、证自证分四项。且把这四个名词下一解释：

（一）相分。相分就是物色，就是我们所念的。

（二）见分。见分就是物色此物色，也就是我们所能念的。

（三）自证分。念时有别一念同时起来，便是自证分。譬如我讲了后一句话，自己决不至忘了前一句话，便是自证分在那里主之。

（四）证自证分。自证分的结果便是证自证分。

再用例来说明：譬如，想到几年前的朋友。想到他姓张或姓李，后来忽然断定他是姓张。当时并不曾证诸记录或书籍的，这便是相分、见分、自证分、证自证分的连合了。依此来判“良知”，孟子所说是指见分，阳明是指自证分、证自证分。阳明和孟子是不相关连的，阳明所以要攀附孟子，是儒家的积习。宋人最喜欢的是“喜怒哀乐之未发，谓之中”，苏氏兄弟也尝说过这话。实在《中庸》所说是专指感情的，宋人以为一切未发都算是“中”，相去很远了。还有“鸢飞鱼跃，活泼泼地”一语，也为宋人所最爱用，陈白沙更用得多，在《诗经》原意不过是写景（《诗经 · 大雅 · 旱麓》第三章“鸢飞戾天，鱼跃于渊。岂弟君子，遐不作人”）。《中庸》中“鸢飞戾天，鱼跃于渊，言其上下察也”一节，也不过引用诗文来表明“明”的意思。“察，明也”，鸢在上见鱼，很明白地想要攫取；鱼在下见鸢也很明白，立刻潜避了。就是照郑康成的注解，训“察”为“至”，也只说道之流行，虽愚夫愚妇都能明白，用鸢鱼来表示上下罢了，其中并没含快活的意思。宋人在“鸢飞鱼跃”下面，一定要加“活泼泼地”四字，和原意也不同了。这些和阳明攀附孟子是一样的。

阳明“致良知”的主张，以为人心中于是非善恶自能明白，不必靠什么典籍，也不必靠旁的话来证明，但是第二念不应念，有了第二念自己便不明了。人以为阳明的学说很宜于用兵，如此便不至有什么疑虑和悔恨。

晚年阳明讲“天泉证道”，王畿（龙溪）和钱德洪（绪山）是从游的。钱以为“无善无恶心之体，有善有恶心之动，知善知恶为致知，存善去恶为格物”；王和他不同，以为一切都是无善无恶的。阳明对于这两种主张，也不加轩轾于其间。

阳明的弟子，徐爱早死，钱德洪的学问，人很少佩服他，继承阳明学问的人要推王艮和王畿。王艮，泰州人，本是烧银的灶丁，名银，而“艮”是阳明替他改的。他见阳明时，学问已博。初见时，阳明和他所讲论，他尚不满意，以为阳明不足为之师；后来阳明再讲一段，他才佩服。他的学问和程明道、陈白沙颇相近，有《乐学歌》：“乐是乐此学，学是学此乐。不乐不是学，不学不是乐。”从他游的颇多寻常人，间有上流人，自己真足自命不凡的。王畿是狂放的举人，很诽议阳明，后来忽又师事阳明了。黄梨洲（黄宗羲）《明儒学案》中对于“二王”都有微词，他佩服的是阳明的江西弟子。

阳明的江西弟子，以邹守益、欧阳德、聂德、罗洪先为最有造就。罗自有师承，非阳明弟子，心里很想从阳明游，不能如愿，后来阳明也死了。阳明弟子强罗附王，他也就承认。罗的学问比他弟子高深得多。他自己静坐有所得，也曾访了许多僧道。他说：“极静之时，但觉此心本体如长空云气，大海鱼龙。天地古今，打成一片。”黄佐对于罗的论调最不赞同，以为其是参野狐禅，否则既谓无物，哪有鱼龙。实在，心虽无物而心常动，以佛经讲，阿赖耶识是恒转如瀑流，就是此意。罗所说“云气”和“鱼龙”是表示动的意思。罗洪先自己确是证到这个地步，前人没有及他的了。

王时槐的学问自邹守益传来，见解颇精深。他说：“纯无念时，是为一念，非无念也，时之至微者也。”譬如吾人入睡，一无所梦，这时真可算无念，但和死却是有分别的。就佛法讲“意根恒审思量”，意根念念所想的什么？就是“我”，而“我”就是阿赖耶识。我所以不忘这“我”，便因有了意根之故。“我”，寻常人多不疑，譬如自己说了一句话，决不会疑“这是谁说的？”，至于其余对象，我们总要生一种疑虑的。念念想着，和无念竟是差不多。我们从早晨起来感到热，继续热下去，也就感不到了。所以纯无念时，仍有一念。

王艮弟子王栋主张意与心有分，以为“意非心之所发，意为心之主者”。这种主张和佛法说有些相同。佛法以阿赖耶识，自己无作用，有了意根，才能起作用，也就是禅宗所谓“识得主人翁”的意思。刘宗周（蕺山）对于王栋的主张采取了很多。栋自己看书不多，这种见解的确是证出的。

阳明、若水两派以外，有许多士子信仰吕泾野的主张。吕，陕西人，笃守礼教，和朱文公最相近。他的立言很平正，无过人处。当时所以能和湛、王并驾，也因王的弟子太不守礼法，猖狂使人生厌，那些自检的子弟就倾向吕泾野了。原来何心隐习泰州之学，差不多和政客一般，张居正恨而杀之。李卓吾（李贽）师事何心隐，荒谬益甚，令当时人所疾首痛心。这守礼教和不守礼教便是宋、明学者的大别。

宋儒若陆象山见解之超妙，也仍对于礼教拘守不敢离，既禁止故人子的挟妓，又责备吕东莱的丧中见客。明儒若陈白沙已看轻礼教，只对于名节还重视，他曾说“名节乃士人之藩篱”。王阳明弟子猖狂已甚，“二王”为更甚，顾亭林（顾炎武）痛骂“王学”（王阳明所创学派）也是为此。

湛、王学问，晚年已不相同，但湛弟子许孚远却合湛、王为一。再传至刘宗周，自己又别开生面，和湛、王都有些不同。刘主张“意非心之所发”，颇似王栋。“常惺惺”也是他的主张，这主张虽宋人已讲过，但他的工夫是很深的。

阳明附会朱文公《朱子晚年定论》，很引起一般人的攻讦。同时有罗钦顺（整庵）和他是对抗的。罗的学问，有人说他是朱派，实在明代已无所谓纯粹朱派。罗的见解又在朱之上，就说是朱派，也是朱派之杰出者。罗本参禅，后来归入理学，纠正宋儒之处很多。对于朱文公所谓“气质之性，义理之性”，罗表示反对，他说：“义理乃在气质之中。”宋人于天理人欲纠缠不清。罗说：“欲当即理。”这种见解和王不同，较朱又高一着，所以能与阳明相抗衡。清戴东原（戴震）的主张是师承罗的学说的。

明末，东林派高攀龙、顾宪成等也讲宋人学问，较阳明弟子能守规矩。他们有移风易俗的本意，所以借重礼法。不过党派的臭味太重，致召魏忠贤杀害的惨劫。清初，东林派还有流传，高愈、应谦辈也只步武前人罢！

此外尚有李颙（二曲），也是名儒。李，陕西人，出身微贱，原是一个差役。他自己承认是吕派，实际是近王派的，所发见解很不少。他每天坐三炷香，“初则以心观心，久之心亦无所观”，这是他的工夫。他尝说“一念万念”这句话。这话很像佛法，但是究竟的意思，他没有说出。我们也不知道他是说“一念可以抵万念呢”，抑或是“万念就是一念呢”？在佛法中谓：“念念相接则生时间”“转念速，时间长；转念慢，时间短”“一刹那可以经历劫”。李的本意或许是如此。李取佛法很多，但要保持礼教面目，终不肯说出。“体用”二字本出于佛法，顾亭林以此问他，他也只可说“宝物出于异国，亦可采取”了。

清代，理学可以不论，治朱之学远不如朱。陆陇其（稼书）、汤斌等隶事两朝，也为士林所不齿，和吴澄事元有什么分别呢？江藩作《宋学渊源记》，凡能躬自力行的都采入，那在清廷做官的，都在摈弃之列。

颜元（习斋）、戴震是清代大儒。颜力主“不骛虚声”，劝学子事礼、乐、射、御、书、数，和小学很相宜。戴别开学派，打倒宋学。他是主张“功利主义”，以为欲人之利于己，必先有利于人，并且反对宋人的遏情欲。

罗有高（台山）、彭绍升（尺木）研究王学。罗有江湖游侠之气，很佩服李卓吾。彭信佛法，但好扶乩。两人都无足取。

哲学总述

哲学的派别，既如上述，我们在此且总括地比较一下：以哲学论，我们可分宋以来之哲学、古代的九流、印度的佛法和欧西的哲学四种。欧西的哲学都是纸片上的文章，全是思想，并未实验。他们讲唯心论，看着的确很精，却只有比量，没是现量，不能如各科学用实地证明出来。这种只能说是精美的文章，并不是学问，禅宗说“猢狲离树，全无伎俩”，是对欧西哲学的绝佳比喻。他们离了名相，心便无可用了。宋、明诸儒口头讲的原有，但能实地体认出来的却也很多，比欧西哲学专讲空论是不同了。

再就宋以来的理学和九流比较看来，却又相去一间了。黄梨洲说：“自阳明出，儒释疆界，邈若山河。”实在儒、释之界，宋已分明，不过儒、释有疆界，便是宋以后未达一间之遗憾。宋以后的理学有所执着，专讲“生生不灭之机”，只能达到“阿赖耶恒动（出自

《唯识三十颂》，原文是‘恒转如暴流’。此处应为作者笔误）如瀑流”和孔子“逝者如斯夫，不舍昼夜”的地步。那“真如心”便非理学家所能见。孔子本身并非未尝执着，理学强以为道体如此，真太粗心了！

至于佛法所有奥妙之处，在九流却都有说及，可以并驾齐驱。佛法说“前后际断”，庄子的“无终无始，无几无时；见独而后，能无古今”，可说是同具一义的。佛法讲“无我”和孔子的“毋我”“克己复礼”、庄子的“无己恶乎得有有”又相同了。佛家的“唯识唯心说”中主张“心之外无一物”“心有境无”“山河大地，皆心所造”，九流中也曾说过。战国儒家公孙尼子说“物皆本乎心”，孟子说“万物皆备于我”，便是佛家的立意。佛家大乘断“所知障”，断“理障”；小乘断“烦恼障”，断“事障”。孔子说“我有知乎哉？无知也”，老子说“玄之又玄，众妙之门”，又说“涤除玄览”，便是断“所知”和“理障”了。佛法说“不生不灭”，庄子说“无古今而后入于不死不生”，而“不死不生”就是“不生不灭”。佛法说“无修无证，心不见心，无相可得”，孟子说“望道而未之见”（道原是不可见，见道即非道），庄子说“斯身非吾有也，胡得有乎道？”又相同了。照这么看来，九流实远出宋、明诸儒之上，和佛法不相出入的。

我们研究哲学，从宋人入手，却也很好。因为晋人空谈之病，宋人所无，不过不要拘守宋学，才有高深的希望。至于直接研究佛法，容易流入猖狂。古来专讲佛而不讲儒学的，多不足取，如王维降安禄山，张商英和蔡京辈往来，都是可耻的。因为研究佛法的居士只有五戒，在印度社会情形简单，或可维持，然而在中国社会情形复杂，便不能维持了。历来研究儒家兼讲佛法的，如李习之（李翱）、赵大州口不讳佛，言行都有可观。可见研究佛法，非有儒学为之助不可。[1]

① 本讲选自上海泰东图书局1922年出版的《国学概论》。

/第二讲/

马宗荣·王阳明及其思想

阳明的根本思想

宇宙观

阳明的学问主要致力于人禀生以后的方面，故对于心性论、“致良知”说、“知行合一”说、修养论，举凡关于人禀生以后的诸问题，讨论甚详。至于关于天地万物所由发生的宇宙问题，未见详论。

阳明认为，天地万物乃由“理”“气”而成。其说虽与以前儒家所说者无异，然其见解则有不同。阳明说：“理者，气之条理；气者，理之运用。无条理，则不能运用；无运用，则亦无以见其所谓条理者矣。”由此以观，阳明合“理”“气”而为一。宇宙间的“气”，运行之间，有一定的秩序及井然的条理，这叫作“理”；一定的秩序及井然的条理，常运行不止，这叫作“气”。故“理”“气”之来，是可归一的。阳明的宇宙观是一元论。

以上是介绍阳明就人物禀生以前，以论“理”“气”之说。兹在就阳明就人物禀生以后，以论“气”“性”之说而征之，其“理气合一”的观念益为明白。阳明说：

> “生之谓性”，“生”字即是“气”字，犹言气即是性也。气即是性，“人生而静以上不容说”，才说气即是性，即已落在一边，不是性之本原矣。孟子性善，是从本原上说。然性善之端，须在气上始见得，若无气，亦无可见矣。恻隐、羞恶、辞让、是非即是气，程子谓“论性不论气不备，论气不论性不明”，亦是为学者各认一边，只得如此说。若见得自性明白时，气即是性，性即是气，原无性气之可分也。

这是“性体”之运用，借“气体”行之，故性善之端，必在“气”上始可得见，是“性”与“气”本可为一的，不可分之为二。而阳明又说人物禀生以后，天理之所赋予于人物者叫作“性”，故“性”即“理”，“性”“理”为一，从而“理气合一”之理，可以明白了。

世之论“理”“气”的人，从宋的周濂溪到朱子，有宋一代学者，均把它看作两件东西，而立二元论。独北宋的张横渠谓“理是气之理”，认为“理气”为一物；南宋陆象山也视“理气”为同一物，而立一元论。阳明的宇宙观、理气论，则认为是一物的两面，而立对等的一元论。故阳明的宇宙观，虽与横渠、象山同倡一元之说，但与横渠所主张的以“气”为主的一元论，与象山所主张的以“理”为主的一元论，其见解不同。

性论

阳明论“性”，认为“性”为天地万物所通有，“性”只有一。《王文成公全书》卷一上说：

> 性一而已：自其形体也，谓之天；主宰也，谓之帝；流行也，谓之命；赋于人也，谓之性；主于身也，谓之心。心之发也，遇父便之孝，遇君谓之忠。自此以往，名至于无穷，只一性而已。犹人一而已：对父谓之子，对子谓之父。自此以往，至于无穷，只一人而已。人只要在性上用功，看得一性字分明，即万理灿然。

阳明次论人性。人性的本体无善无恶，是中性的，只在其发用上可为善，又可为恶。《王文成公全书》卷三上说：

> 问：“古人论性，各有异同，何者乃为定论？”
>
> 先生曰：“性无定体，论亦无定体，有自本体上说者，有自发用上说者，有自源头上说者，有自流弊处说者。总而言之，只是一个性，但所见有浅深尔。若执定一边，便不是了。性之本体原是无善无恶的，发用上也原是可以为善，可以为不善的，其流弊也原是一定善一定恶的。譬如眼，有喜时的眼，有怒时的眼，直视就是看的眼，微视就是觑的眼。总而言之，只是这个眼，若见得怒时眼，就说未尝有喜的

眼，见得看时眼，就说未尝有觑的眼，皆是执定，就知是错。孟子说性，直从源头上说来，亦是说个大概如此。荀子性恶之说是从流弊上说来，也未可尽说他不是，只是见得未精耳。众人则失了心之本体。”

但阳明虽说性的本体无善无恶，本性是自然的发用，可以善性出现，其以恶出现的，可看为流弊。故《王文成公全书》卷三上说：

性无不善，知无不恶。

惟阳明认为，性的本性的发用，必依气行之，故性善之端必在气上始得见之。恻隐、羞恶、辞让、是非的四端，即不外气，即性与气似乎是二，而实为一。性、气原来是不可分的。

心即理说

陆象山看宇宙现象为“理”的显现，已如前述。象山更进一步而倡“心即理”说，说明“理”又为“心”。象山说：“宇宙即是吾心，吾心即是宇宙。”他在《与曾宅之书》中说：“心，一心也；理，一理也。至当归一，精义无二，此心此理，实不容有二。”又在《与李宰书》中说：“人皆有是心，心皆有是理，心即理也。”复在《杂说》中说：“宇宙便是吾心，吾心即是宇宙。东海有圣人出焉，此心同，此理同也。西海有圣人出焉，此心同，此理同也。南海北海有圣人出焉，此心同，此理同也。千百世之上，有圣人出焉，此心同，此理同也。千百世之下，有圣人出焉，此心同，此理同也。”此皆认宇宙之理与吾心为同一的“心即理”的哲学观。因为宇是“上下四方”的意思，乃示空间之语；宙是“往古来今”的意思，乃示时间之语。象山认为，凡与空间与时间有关的一切现象，悉为吾心的表象，故倡“心即理”之说。故象山在《杂说》中说：“宇宙内事，乃己分内事；己分内事，乃宇宙内事。”象山认宇宙现象为吾心的表象，而解吾心的判断即条理，为宇宙之理。

阳明绍述象山之说，阐扬“心即理”之论。要讲阳明的“心理说”，请先讲阳明所谓的“心”。阳明说：

> 身之主宰便是心。
>
> ……
>
> 心不是一块血肉，凡知觉处便是心，如耳目之知视听，手足之知痛痒，此知觉便是心也。”
>
> ……
>
> 虚灵不昧，众理具而万事出。心外无理，心外无事。”

故所谓“心”者，是虚灵不昧、具众理，有知觉能力，以主宰一身而能应凡百事物者，叫作“心”。

“心”的意义既明，次究阳明之所谓“心即理”。《传习录》上说：

> （徐）爱问："至善只求诸心，恐于天下事理，有不能尽。"
>
> 先生曰："心即理也。天下又有心外之事，心外之理乎？"

所谓"心即理"者，即人心天理之意。天地万物之理无不具在人心，秋毫不借外来，不外孟子"万物皆备于我"之意，故"心"为绝对无限的，包有宇宙万物之理而无所漏。阳明在《与王纯甫书二》中说：

> 夫在物为理，处物为义，在性为善，因所指而异其名，实皆吾之心也。心外无物，心外无事，心外无理，心外无义，心外无善。

故"心"以外，不容任何物的存在。

次进而研究"心"与"理"何故归一之理。阳明在《答顾东桥书》中说：

> 夫物理不外于吾心，外吾心而求物理，无物理矣；遗物理而求吾心，吾心又何物邪？心之体，性也。性即理也。故有孝亲之心，即有孝之理，无孝亲之心，即无孝之理矣。有忠君之心，即有忠之理，无忠君之心，即无忠之理矣。理岂外于吾心邪？

阳明在《书诸阳伯卷（二）》上说：

> 心之体，性也，性即理也。天下宁有心外之性？宁有性外之理乎？宁有理外之心乎？外心以求理，此告子“义外”之说也。理也者，心之条理也。是理也，发之于亲则为孝，发之于君则为忠，发之于朋友则为信。千变万化，至不可穷竭，而莫非发于吾之一心。

可见，“心”为万理的统会，主宰一身，以应万事；“理”是指着在此“心”而生之处而言。即忠之理为此心着于事君上而生，孝之理为此心着于事父上而生。所谓“理”，即此心的条理。这个“理”发之于事亲上，则为孝；发之于事君上，则为忠；发之于交朋友上，则为信。其他千变万化，无非皆有一心而发。故有孝亲之心，遂有孝之理；无孝亲之心，则无孝之理。有忠君之心，遂有忠之理；无忠君之心，则无忠之理。因之，可知心外无理。

“致良知”说

“致良知”之说，为阳明独创的思想。故欲说明之，首先须说明阳明所说的“良知”是什么？“良知”之语，出于孟子。孟子将“良知”“良能”二者并举，阳明则专说“良知”，不说“良能”。孟子说：“人之所不学而能者，其良能也；所不虑而知者，其良知也。”孟子的所谓“良知”，是指人之“所不虑而知者”而言。换句话说，就是先天固有的知。

阳明的所谓“良知”，其界说则较孟子为大。他认心的“虚灵明觉处”为良知。良知即心的本体，从而良知为“天理”，为圣人，为真吾。

阳明在《答顾东桥书》中说：

> 心者，身之主也。而心之虚灵明觉，即所谓本然之良知也。

在《答陆原静书》中说：

> 良知者，心之本体，即前所谓恒照者也。

阳明又说：

> 良知是天理之昭明灵觉处，故良知即是天理。

在《书魏师孟卷》中说：

> 心之良知，是谓圣。

在《从吾道人记》中说：

夫吾之所谓真吾者，良知之谓也。

阳明谓良知为人人之所同具，他在《答陆原静书》中说：

性无不善，故知无不良，良知即是未发之中，即是廓然大公、寂然不动之本体，人人之所同具者也。

阳明又谓做“心”的本体的良知无分动静，换句话说，互动静而常存。阳明说：

未发之中即良知也，无前后内外而浑然一体者也。有事无事可以言动静，而良知无分于有事无事也；寂然感通可以言动静，而良知无分于寂然感通也；动静者，所遇之时。心之本体固无分于动静也。

但人心与天地一其体，犹如大地有昼夜翕辟之别一样，良知也有顺应无滞的良知与收敛凝一的良知。前者即日间的良知，后者即夜间良知。《传习录》中说：

（黄省曾）问：“通乎昼夜之道而知。”

先生曰：“良知原是知昼知夜的。”

（黄省曾）又问：“人睡熟时，良知亦不知了。”

（先生）曰：“不知何以一叫便应？”

（黄省曾）曰：“良知常知，如何有睡熟时？”

（先生）曰：“向晦宴息，此亦造化常理。夜来天地混沌，形色俱泯，人亦耳目无所睹闻，众窍俱翕，此即良知收敛凝一时。天地既开，庶物露生，人亦耳目有所睹闻，众窍俱辟，此即良知妙用发生时。可见人心与天地一体，故上下与天地同流。今人不会宴息，夜来不是昏睡，即是忘思魇寐。”

（黄省曾）曰：“睡时，功夫如何用？”

先生曰：“知昼即知夜矣。日间良知是顺应无滞的，夜间良知即是收敛凝一的。”

要之，良知通乎昼夜，无所不知。只犹天地有晦明二面，人的众窍翕辟之别。良知随众窍的翕辟，或收敛或发散。

但阳明认夜间良知为良知的本体，虽昼间事物纷扰之时，可以夜间良知处之。阳明说：

良知在夜气发的，方是本体，以其无物欲之杂也。学者要使事物纷扰之时，常如夜气一般，就是通乎昼夜之道而知。

阳明又谓“良知是绝对的”，超乎空间与时间，万物皆从此发展，不仅人具有良知，草木瓦石亦同具有良知，亘万古而不灭。《传习录》卷下有云：

> 朱本思问：“人有虚灵，方有良知。若草木瓦石之类，亦有良知否？”
>
> 先生曰：“人的良知，就是草木瓦石的良知。若草木瓦石无人的良知，不可以为草木瓦石矣。岂惟草木瓦石为然？天地无人的良知，亦不可为天地矣。盖天地万物与人原是一体，其发窍之最精处，是人心一点灵明。风雨露雷、日月星辰、禽兽草木、山川土石，与人原只一体。故五谷、禽兽之类皆可以养人，药石之类皆可以疗疾。只为同此一气，故能相通耳。”

这是说良知是超空间的。《寄邹谦之书》中说：

> 良知之在人心，则万古如一日。

这是说良知是超时间的。《答欧阳崇一书》中说：

> 良知之在人心，亘万古，塞宇宙，而无不同，不虑而知，恒易以知险，不学而能，恒简以知阻，先天而天不违，天且不违，而况于人乎？况于鬼神乎？

这是说良知是超乎时间并说及是超乎空间的。

但人与万物的相违，其理由何在呢？盖由于气禀的偏正。吾人虽有良知，然因气禀之偏，蔽于私欲，不能纯乎天理，放良知而不知求之。故阳明在《答陆原静书》中说：

> 虽妄念之发，而良知未尝不在，但人不知存，则有时而或放耳；虽昏塞之极，而良知未尝不明，但人不知察，则有时而或蔽耳。虽有时而或放，其体实未尝不在也，存之而已耳；虽有时而或蔽，其体实未尝不明也，察之而已耳。

阳明在《传习录》中又说：

> （黄省曾）问："知譬日，欲譬云，云虽能蔽日，亦是天之一气合有的，欲亦莫非人心合有否？"
>
> 先生曰："喜怒哀惧爱恶欲，谓之七情。七者俱是人心合有的，但要认得良知明白。比如日光，亦不可指着方所。一隙通明，皆是日光所在，虽云雾四塞，太虚中色象可辨，亦是日光不灭处，不可以云能蔽日，教天不要生云。七情顺其自然之流行，皆是良知之用，不可分别善恶，但不可有所着。七情有着，俱谓之欲，俱为良知之蔽。然才有着时，良知亦自会觉，觉即蔽去，复其体矣！此处能勘得破，方是简易透彻工夫。"

阳明以欲与良知对言，欲遮蔽良知而使其本能不全，欲由情、意有所着，失其度而生，情成为良知的作用，则不得全抑止之。只要使情无所执着，不失其度，而顺自然流行，则欲自去，良知可得而复其本体。

由上所说，良知蔽于物欲，妄念起，则本心的良心暗，但良知未尝消灭。故学问之要在去私欲，复本然的良知，使本然的良知致于其至极，致本然的良知。于是阳明倡“致良知”之说。阳明认为《大学》之所谓“致知”，即致此良知。“致”是“至”之意，如说“丧致乎哀”之“致”之意，致吾心的良知于其至极之意，至吾心的良知于事事物物之意。致吾心良知于事事物物，则事事物物皆得其理。阳明在《答顾东桥书》中说：

> 若鄙人所谓致知格物者，致吾心之良知于事事物物也。吾心之良知，即所谓天理也。致吾心之天理于事事物物，则事事物物皆得其理矣。

以上说了“致良知”的意义，次说“致良知”的价值。阳明在《书魏师孟卷》说：

> 心之良知是谓圣。圣人之学，惟是致此良知而已。自然而致之者，圣人也；勉然而致之者，贤人也；自蔽自昧而不肯致之者，愚不肖者也。愚不肖者，虽其蔽昧之极，良知又未尝不存也。苟能致之，即与圣人无异矣。此良知所以为圣愚之同具，而人皆可以为尧舜者，以此也。是故致良知之外无学矣。

阳明又在《与杨仕鸣》中说：

> 区区所论“致知”二字，乃是孔门正法眼藏。于此见得真的，直是建诸天地而不悖，质诸鬼神而无疑，考诸三王而不谬，百世以俟圣人而不惑！

由上所论可知“致良知”的价值：致良知，可以为圣人；致良知，则天下之人皆可为尧舜；致良知乃是孔门正法眼藏。知之者，方谓知道；得之者，方为有德。

又次论“致良知”之用。我们可从“知”的作用及“情”的作用两方面去探讨。阳明在《答聂文蔚书》中说：

> 夫人者，天地之心。天地万物，本吾一体者也，生民之困苦荼毒，孰非疾痛之切于吾身者乎？不知吾身之疾痛，无是非之心者也。是非之心，不虑而知，不学而能，所谓良知也。良知之在人心，无间于圣愚，天下古今之所同也。世之君子惟务致其良知，则自能公是非，同好恶，视人犹己，视国犹家，而以天地万物为一体，求天下无治，不可得矣。

又说：

> 今诚得豪杰同志之士，扶持匡翼，共明良知之学于天下，使天下之人皆知自致其良知，以相安相养，去其自私自

利之蔽，一洗谗妒胜忿之习，以跻于大同。

阳明之意，盖在借这“致良知”之说，以匡救天下社会。阳明在《答聂文蔚书（二）》中说：

近岁来山中讲学者，往往多说“勿忘勿助”工夫甚难。问之，则云：“着意便是助，才不著意便是忘，所以甚难。”区区因问之云：“忘是忘个甚么？助是助个甚么？”其人默然无对。始请问。区区因与说我此间讲学，却只说个“必有事焉”，不说“勿忘勿助”。“必有事焉”者，只是时时去集义。若时时去用“必有事”的工夫，而或有时间断，此便是忘了，即须“勿忘”；时时去用“必有事”的工夫，而或有时欲速求效，此便是助了，即须“勿助”。其工夫全在“必有事焉”上用，“勿忘勿助”……只就其间提撕警觉而已。

夫“必有事焉”只是集义。集义只是致良知。说集义，则一时未见头脑；说致良知，即当下便有实地步可用功。故区区专说“致良知”。随时就事上致其良知，便是格物；着实去致良知，便是诚意；着实致其良知而无一毫“意必固我”，便是正心；着实致良知，则自无忘之病；无一毫“意必固我”，则自无助之病。故说“格致诚正”，则不必更说个“忘助”。孟子说“忘助”，亦就告子得病处立方。告子强制其心，是助的病痛，故孟子专说助长之害。告子助长，亦是他以义为外，不知就自心上集义，在“必有事焉”上用功，是以如此。若时时刻刻就自心上集义，则良知之体洞然明白，自然是是非非纤毫莫遁。

“致良知”是与孟子的“集义”同工夫，每于有事之际，从吾心的判断，循序实行其事。且阳明的“致良知”极明白简易，不似“集义”的漠然无所把握。故“致良知”是人圣得道的简明而有把握方法。以上两段，我以为是从“知”的作用上说“致良知”之用。

阳明在《答聂文蔚书（二）》中又说：

良知，只是一个天理，自然明觉发见处，只是一个真诚恻怛，便是他本体。故致此良知之真诚恻怛，以事亲便是孝；致此良知真诚恻怛，以从兄便是弟；致此良知之真诚恻怛，以事君便是忠。只是一个良知，一个真诚恻怛。若是从兄的良知不能致其真诚恻怛，即是事亲的良知不能致其真诚恻怛矣。事君的良知不能致其真诚恻怛，即是从兄的良知不能致其真诚恻怛矣。故致得事君的良知便是致却从兄的良知，致得从兄的良知便是致却事亲的良知。不是事君的良知不能致，却须又从事亲的良知上去扩充将来，如此又是脱却本原，着在交节上求了。良知只是一个。随他发见流行处当下具足，更无去来，不须假借。然其发见流行处却自有轻重厚薄，毫发不容增减者，所谓天然自有之中也。虽则轻重厚薄毫发不容增减，而原又只是一个；虽则只是一个，而其间

> 轻重厚薄又毫发不容增减。若可得增减，若须假借，即已非其真诚恻怛之本体矣。此良知之妙用，所以无方体，无穷尽。语大，天下莫能载；语小，天下莫能破者也。

我以为是从“情”的作用上以说“致良知”的用。

“致良知”的工夫呢？阳明的修养论，全是在教人做这一项工夫。一句话可以说完：致知在格物。“致良知”的工夫就是格物。物要待吾心意投着，始能认识，不外意之用。阳明说：

> 意之所用，必有其物，物即事也。如意用于事亲，即事亲为一物；意用于治民，即治民为一物。
>
> ……
>
> 其虚灵明觉之良知应感而动者，谓之意。
>
> ……
>
> 格者，正也。正其不正，以归于正也。

格物，如《孟子》“大人格君心”之“格”，是去其心之不正，以全其本体之正。但意念所在，即要去其不正，以全其正。

即去人欲，复天理，乃是格物之意。即所谓格物，乃就意念的发动的每件事，从良知所指示，去恶就善，则每件事得全其正，吾良知之所知，无有亏缺，毫无所蔽，而得以致其至极。于是良知致，而后意念的发动诚。

阳明说：

> 格物是致知工夫，知得致知便已知得格物。若是未知格物，则是致知工夫亦未尝知也。

详细地说，所谓“致良知”者，在使良知的发用流行尽其极。但因有物欲，则良知的发用不全，故可先去其不正的物欲。物欲去，良知始可致。故去物欲，即与凡事相接至极，一任良知的自然发用，遂可以得致全体的良知了。

《传习录》中说：

> 黄以方问：“先生格致之说，随时格物以致其知，则知是一节之知，非全体之知也。何以到得‘溥博如天，渊泉如渊’地位？”
>
> 先生曰：“人心是天渊。心之本体无所不该，原是一个天。只为私欲障碍，则天之本体失了。心之理无穷尽，原是一个渊。只为私欲窒塞，则渊之本体失了。如今念念致良知，将此障碍窒塞一齐去尽，则本体已复，便是天渊了。”乃指天以示之曰：“比如面前见天，是昭昭之天；四外见天，也只是昭昭之天。只为许多房子墙壁遮蔽，便不见天之全体。若撤去房子墙壁，总是一个天矣。不可道眼前天是昭昭之天，外面又不是昭昭之天也。于此便见一节之知即全体之知，全体之知即一节之知，总是一个本体。”

即一节之知即全体之知，总是一个本体。阳明又说：

> 我辈致知，只是各随分限所及。今日良知见在如此，只随今日所知扩充到底；明日良知又有开悟，便从明日所知扩充到底。如此方是精一工夫。

故今日格一个物，致一个知，此工夫进而不已，遂得全体之知，使全体之知致其极，可得复一个本体。以上所论，均为阳明致知工夫，致良知的工夫。

阳明格物致知之功，又在戒惧慎独。阳明说：

> 必欲此心纯乎天理，而无一毫人欲之私，非防于未萌之先，而克于方萌之际不能也。防于未萌之先，而克于方萌之际，此正《中庸》“戒慎恐惧”、《大学》“致知格物”之功，舍此之外，无别功矣。

由此而观，阳明致知的工夫在格物，格物致知的工夫在戒惧慎独。随你去静处体悟也好，随你去事上磨炼也好。

阳明重视为学的目的，故以唯心主义而立论。阳明以“诚意”为主，格致不过诚意之功，而欲达诚意的目的，必下此工夫。阳明在《答顾东桥书》中说：

> 若诚意之说，自是圣门教人用功第一义。

阳明又说：

君子之学以诚意为主，格物致知者，诚意之功也。

又说：

《大学》之所谓“诚意”即《中庸》之所谓“诚身”也。《大学》之所谓“格物致知”即《中庸》之所谓“明善”也。博学、审问、慎思、明辨、笃行，皆所谓明善而为诚身之功也，非明善之外别有所谓诚身之功也。格物致知之外，又岂别有所谓诚意之功乎？

又说：

君子之学以诚身。格物致知者，立诚之功也。譬之植焉，诚，其根也；格致，其培壅而灌溉之者也。后之言格致者，或异于是矣。不以植根而徒培壅焉、灌溉焉，敝精劳力，而不知其终何所成矣。

但阳明虽是这样的以诚意为学问之主，格致为其工夫。然欲达诚意的目的，非由格物致知下工夫不可。故决不轻格物致知，且深深地重视它。阳明说：

工夫难处，全在格物致知上。此即诚意之事。意既诚，大段心亦自正，身亦自修。但正心修身工夫亦各有用力处，修身是已发边，正心是未发边。心正则中，身修则和。

诚意为格致之果，正心修身又为诚意之果。诚意虽为主目的，其功不得不待于一格致。而格致之功，是不容易的。故阳明晚年专标榜“致良知”。

“知行合一”说

根据以上阳明之说，所谓致知者，不仅知其法而已，必实行之，然后叫作致知。盖必致心的良知于意之所在的事物上，而后谓之致知，此结果必然发生“知行合一”说。《传习录》上说：

知是行的主意，行是知的工夫；知是行之始，行是知之成。若会得时，只说一个“知”，已自有行在；只说一个“行”，已自有知在。

又有云：

知者行之始，行者知之成。圣学只一个工夫，知行不可分作两事。

此即说知常须行，行常须知，二者到底不可分别。阳明更举事实证：

“如好好色”“如恶恶臭”。见好色属知，好好色属行。只见那好色时已自好了，不是见了后又立个心去好。闻恶臭属知，恶恶臭属行。只闻那恶臭时已自恶了，不是闻了后别立个心去恶。如鼻塞人虽见恶臭在前，鼻中不曾闻得，便亦不甚恶，亦只是不曾知臭。就如称某人知孝、某人知弟，必是其人已曾行孝行弟，方可称他知孝知弟，不成只是晓得说些孝弟的话，便可称为知孝弟。又如知痛，必已自痛了方知痛；知寒，必已自寒了；知饥，必已自饥了。知行如何分得开？

……

夫人必有欲食之心，然后知食。欲食之心即是意，即是行之始矣。食味之美恶，必待入口而后知，岂有不待入口而已先知食味之美恶者邪？必有欲行之心，然后知路。欲行之心即是意，即是行之始矣。路歧之险夷，必待身亲履历而后知，岂有不待身亲履历而已先知路歧之险夷者邪？

可见，知不在行之先，知行二者，常相追随，不可截然分别。阳明在《答顾东桥书》中，更说明知行相待的关系，他说：

知之真切笃实处，即是行；行之明觉精察处，即是知。知行工夫本不可离。只为后世学者分作两截用功，失却知行本体，故有合一并进之说。“真知即所以为行，不行不足谓之知。”

阳明又说：

> 行之明觉精察处，便是知；知之真切笃实处，便是行。若行而不能精察明觉，便是冥行，便是“学而不思则罔”，所以必须说个“知”；知而不能真切笃实，便是妄想，便是“思而不学则殆”，所以必须说个“行”。原来只是一个工夫。

阳明又就《中庸》之所谓博学、审问、慎思、明辨、笃行的义解，说明他的“知行合一”论。他说：

> 夫学、问、思、辨、行，皆所以为学，未有学而不行者也。如言学孝，则必服劳奉养，躬行孝道，然后谓之学，岂徒悬空口耳讲说而遂可以谓之学孝乎？学射则必张弓挟矢，引满中的；学书则必伸纸执笔，操觚染翰。尽天下之学，无有不行而可以言学者，则学之始，固已即是行矣。笃者，敦实笃厚之意，已行矣，而敦笃其行，不息其功之谓尔。盖学之不能以无疑，则有问，问即学也，即行也；又不能无疑，则有思，思即学也，即行也；又不能无疑，则有辨，辨即学也，即行也。辨既明矣，思既慎矣，问既审矣，学既能矣，又从而不息其功焉，斯之谓笃行。非谓学、问、思、辨之后而始措之于行也。是故以求能其事而言谓之学，以求解其惑而言谓之问，以求通其说而言谓之思，以求精其察而言谓之

> 辨，以求履其实而言谓之行。盖析其功而言则有五，合其事而言则一而已。此区区心理合一之体，知行并进之功，所以异于后世之说者，正在于是。

阳明反对古来学者之学、问、思、辨四者为知，以笃行始为行。其谓学、问、思、辨亦为行，非是至学、问、思、辨之后始有行。知行是并进的，是合一的，不能以先后而分别之。

然世上往往有知而不能行者，则因其知为私欲所间断，不是真知。《王文成公全书》卷五中说：

> （徐）爱曰："如今人尽有知父当孝、兄当弟者，却不能孝、不能弟，便是知与行分明是两件。"
>
> （先生）曰："此已被私欲间断，不是知行本体。未有知而不行者。知而不行，只是不知。圣贤教人知行，正要复那本体。……故《大学》指个真知行与人看，说'如好好色''如恶恶臭'。……知行如何分得开？此便是知行的本体，不曾有私意隔断的。……古人所以既说一个知又说一个行者，只为世间有一种人，懵懵懂懂的任意去做，全不解思维省察，也只是个冥行妄作，所以必说个"知"，方才行得是；又有一种人，茫茫荡荡悬空去思索，全不肯着实躬行，也只是个揣摸影响，所以必说一个"行"，方才知得真。此是古人不得已补偏救弊的说话，若见得这个意时，即一言而足。"

为什么阳明要立“知行合一”之说呢？阳明说：

> 须识我立言宗旨。今人学问，只因知行分作两件，故有一念发动，虽是不善，然却未曾行，便不去禁止。我今说个知行合一，正要人晓得一念发动处，便即是行了。发动处有不善，就将这不善的念克倒了。须要彻根彻底，不使那一念不善潜伏在胸中。此是我立言宗旨。

阳明立“知行合一”之说，是因人往往忽视一念之微。故人去人欲的不善，而使知行合一的工夫，当用力于一念之微处。

阳明的教育思想

教育的必要

王阳明的根本思想与教育上发生什么关系呢？阳明为先天良心论者，倾向于性善论，其思想亦多与性善论者的思想相同，与孟子之“寡欲存夜气”的思想相似，故不否定教育的价值。根据阳明之说，心的本体为虚灵明觉的良知，然意念一动，向于物欲时，则本性的良知被蔽而生不善。但随意所在某事而格之，去其人欲，排斥物欲的妨碍，而归天理，使发挥良知之光，则心的本性复明，即上文所说“格物”“致知”“诚意”之说。这不外承认教育的必要。

教育理想论

阳明主张致良知，克治复圣之说。又观阳明在龙场示诸生的教条有四：（一）立志；（二）勤学；（三）改过；（四）责善。学问的第一步在立志，学者宜志在为君子。立了志，要勤于学问。做学问不当重聪慧警捷，要重在勤确谦抑，即不当以求知识的博大为做学问的目的，要做人格高尚的人。其次，凡人无论贤愚不肖，不得免于过。有过时，当不吝改悔。最后论朋友之道，在责善。朋友之间宜本乎忠爱之情，互相婉曲忠告。

正德十三年（1518年），阳明平三浰之贼后，在赣州立社学，教所属各县的子弟，颇重修身、习礼、歌诗、暗诵讲书之学。他在《训蒙大意示教读刘伯颂等》中又说道：

> 古之教，教以人伦。后世记诵词章之习起，先王之教亡。今教童子，惟当以孝、弟、忠、信、礼、义、廉、耻为专务，其栽培涵养之方，则宜诱之歌诗，以发其志气，导之习礼，以肃其威仪，讽之读书，以开其知觉。

可见，其教育理想、目的，在提倡人格教育。

教育方法论

据阳明“心即理”之说，心为具有天理之物，故其存天真状态之心即是善。至于意，乃意念的动摇所生，故使存天真状态的心的发展就能达到人生的目的。所谓“格物”“致知”“诚意”，其要不外正意念的动摇，使存天真状态的心发展。说到教育，使存天真状态的心发展，也是教育上的重大问题。故阳明在《训蒙大意示教读刘伯颂等》一文中说：

> 大抵童子之情，乐嬉游而惮拘检，如草木之始萌芽，舒畅之则条达，摧挠之则衰痿。今教童子，必使其趋向鼓舞，中心喜悦，则其进自不能已。譬之时雨春风，霑被卉木，莫不萌动发越，自然日长月化。若冰霜剥落，则生意萧索，日就枯槁矣。

阳明将儿童的天性譬喻草木的萌芽，而论有助长的必要。其说又于自然主义的思想相同，而主张以启发儿童的天性，为教授儿童的方法。

阳明又倡“知行合一”说，主张知是行的开始，行是知的成。知的真切笃实处即是行，行的明觉精察处，即是知。行而不能明觉精察便是冥行，知而不能真切笃实便是妄想。且以《中庸》之博学、审问、慎思、明辨亦为执行并进，笃行为不息其功之谓。故阳明的教学方法主张彻底学习，并要力行。

阳明的训育方法，主张以养成活泼的孩童为训育方针，而反对鞭挞绳缚。阳明在《训蒙大意示教读刘伯颂等》一文中说：

> 若近世之训蒙稚者，日惟督以句读课仿，责其检束，而不知导之以礼，求其聪明，而不知养之以善。鞭挞绳缚，若持拘囚。彼视学舍如囹狱而不肯入，视师长如寇仇而不欲见。窥避掩覆，以遂其嬉游。设诈饰诡，以肆其顽鄙，偷薄庸

劣，日趋下流，是盖驱之于恶。而求其为善也，何可得乎？

阳明的训育思想与今之自由主义的教育思想相似，主张使之趋向鼓舞，中心喜悦，舒畅之，开发之，导之以礼，养之以善，反对用体罚。

但阳明“知行合一”之说，故有一念之发便是行了。故阳明主张发念有不善，就要将这不善之念克倒，须要彻底彻根，不使一念不善潜伏胸中。故阳明的训育虽一念之微，必须用力根绝之。

训蒙教育论

阳明曾论到各级教育的内容。在赣州，立社学、定教约，以教所属各县的子弟。社学即今的小学，为实施基础教育的学校，与今之国民学校乡（镇）中心学校相似。其社学的课程，每日“先考德，次背书诵书，次习礼，或作课仿，次复诵书讲书，次歌诗”。阳明主张：

每日清晨，诸生参揖毕，教读以次。遍询诸生：在家所以爱亲敬长之心，得无懈忽，未能真切否？温清定省之仪，得无亏缺，未能实践否？往来街衢，步趋礼节，得无放荡，未能谨饬否？一应言行心术，得无欺妄非僻，未能忠信笃敬否？诸童子务要名以实封，有则改之，无则加勉。教读复随时就事，曲加诲谕开发。然后各退就席肄业。

歌诗，须要整容定气，清朗其声音，均审其节调。毋躁而急，毋荡而嚣。毋馁而慑。久则精神宣畅，心气和平矣。每学量童生多寡，分为四班，每日轮一班歌诗，其余皆就席，敛容肃听。每五日则总四班递歌于本学。每朔望，集各学会歌于书院。

习礼，须要澄心肃虑，审其仪节，度其容止。毋忽而惰，毋沮而怍，毋径而野。从容而不失之迂缓，修谨不失之拘局。久则体貌习熟，德性坚定矣。童生班次，皆如歌诗。每间一日，则轮一班习礼。其余皆就席，敛容肃观。习礼之日，免其课仿。每十日则总四班递习于本学。每朔望，则集各学会习于书院。

授书，不在徒多，但贵精熟。量其资禀，能二百字者，止可授以一百字。常使精神力量有余，则无厌苦之患，而有自得之美。讽诵之际，务令专心一志，口诵心惟，字字句句䌷绎反复，抑扬其音节，宽虚其心意。久则义礼浃洽，聪明日开矣。

由上而观，阳明论训蒙教育（小学教育）的课程与设课程的目的，及各科教学方法，颇为详明。其《训蒙大意示教读刘伯颂等》一文中，更对训蒙教育的旨趣详为说明，可说是一篇谈小学教育原理或小学课程论的文字。其文云：

古之教者，教以人伦。后世记诵词章之习起，而先王之教亡。今教童子，惟当以孝、弟、忠、信、礼、义、廉、耻为专务，其栽培涵养之方，则宜诱之歌诗，以发其志意，导之习礼，以肃其威仪，讽之读书，以开其知觉。今人往往以歌诗习礼为不切时务，此皆末俗庸鄙之见，乌足以知古人立教之意哉！

故凡诱之歌诗者，非但发其志意而已，亦以泄其跳号呼啸于咏歌，宣其幽抑结滞于音节也；导之习礼者，非但肃其威仪而已，亦所以周旋揖让而动荡其血脉，拜起屈伸而固束其筋骸也；讽之读书者，非但开其知觉而已，亦所以沈潜反复而存其心，抑扬讽诵以宣其志也。凡此皆所以顺导其志意，调理其性情，潜消其鄙吝，默化其粗顽，日使之渐于礼义而不苦其难，入于中和而不知其故。是盖先王立教之微意也。

察其所论，颇为精微。而阳明小学教育的旨趣主在教人做人，其教育课程颇重于乐。凡习礼、歌诗之类，皆所以当存童子之心，使其乐习不倦，而无限于邪僻。此意亦可以在此文内见之。

大人教育论

阳明又论过大人之学、大人教育。何谓“大人”？阳明称视天地万物为一体、视天下为一家的人为“大人”，不外孔子之所谓“仁人”，亦现今之所谓“伟大人物”之意。故所谓“大人之学”，即古代所谓“圣道”，今之所谓“伟人修养论”。阳明所论做大人之道、大人之学、大人教育，不外《大学》所示的三纲领：明德、亲民、止于至善，及八条目中的格物、致知、诚意、正心、修身五条目。但阳明对“三纲领”“八条目”的解释，则与朱子的所注者迥异。大人之道，在明明德、致良知、去人欲、存天理。至善即是良知，亲民所以致知。格物、致知、诚意、正心、修身五条目，亦所以去人欲、存天理、致良知。

要明明德，只须去掉私欲之弊，以明灵昭不昧之德即明德。复天地的本性，不必由本体以外去持来增益。

要亲民，只须亲我的父，以及他人的父，更扩充及天下人的。于是我的仁与我的父、人的父、天下人的父为一体。孝的明德明，自兄弟、君臣、夫妇、朋友，以至山川、鬼神、鸟兽、草木，均照这样的做法以亲之，而为一体，则兄弟、君臣、夫妇、朋友等的明德各始明。于是，我的明德可明于天下了。故亲民乃所以明其明德。故要明明德，必在于亲民。

至善，为明德亲民的极则。天命之性，粹然至善。昭灵不昧者，皆其至善的发现，是乃明德的本体，即所谓良知。至善的发现，是非可判，随感随应，变动不居。变动之中，自备天然的标准，即民彝物则的标准，本来存在于我心，不可从外来议拟增损。后世之人，惟其不知至善存于我心，而用其私智，以揣摩测度于外，以为事事物物，各有定理，是以昧其是非之则，以支离决诚，人欲肆而天理亡，明德亲民之学，遂乱天下，是不知止于至善了。故“止于至善”之于“明明德”“亲民”，犹如规矩之于方圆，尺寸之于长短。无至善，明明德亲民不能行。简单地说，阳明认为“止于至善”即达到“致良知”

的目的了。

阳明又认为《大学》所谓修身、正心、诚意、致知、格物诸条目，亦可以用上述“明明德”之说通之。盖这些条目，均是详言“明德”“亲民”“止于至善”之工夫。

何谓修身？怎样修身？为善去恶叫作修身。吾自身能为善去恶吗？欲为善而去恶，必其灵明主宰者的心欲为善而去恶，然后其形体运用者（即身）始能为善而去恶。故欲修其身者，必在于先正其心。

怎样正心呢？心的本体为性。阳明认为性无不善，则心的本体本无不是，但自其意念发动之后，有不正。故欲正其心者，必就其意念的所发而正之。凡其发一念而善，好之，直如“好好色”一般地好之！发一念而恶，恶之，直如“恶恶臭”一般地恶之！如此，则意无不诚，而心可正了。故欲正其心者，必诚其意。

怎样诚意呢？意之所发，有善有恶，不有以明其善恶之分，亦将真妄错杂，虽欲诚之，也不可得而诚。故欲诚其意者，必在于致知。“致”者，“至”之意，如说“丧致乎哀”之“致”。“知”者，吾心的良知。“致知”，不是后儒所谓“充广其知识”之意，是“致吾心的良知，于其至极至”之意。良知是孟子所谓“是非之心”，人皆有之。是非之心不待虑而知，不待学而能，是如天命之性，吾心的本体，是自然灵昭明觉的。当意念之发，吾心的良知无有不自知，其为善抑为恶，惟我的良心自知之，是皆无关于他人者。故虽小人之为不善，其见君子，则必厌然，揜其不善，而着其善。今欲别善恶，以诚其意，除在致其良知之所知外，无他道。

怎样致知呢？欲致其良知，岂“影响恍惚而悬空无实”之言吗？

是必实有其事，故致知必在于格物。格物的“物”字是“事”的意思。凡意之发，必有其事。意之所在之事，谓之物；意念的发动，谓之物。格物的“格”有种种的意义，此处当如孟子所谓“格君心之非”的“格”一样，是“正”的意思。今言格物，则就其意念发动的一件一件的事项，遵从良知的所揭示，去恶而就善，则一件一件的事得其正，而我的良知之所知者无有亏缺，而得以极其“至”了。无后意之所发者，然无自欺，而可以谓之诚。故《大学》说：“物格而后知至，知至而后意诚，意诚而后心正，心正而后身修。”

阳明与晦庵

支配明代思想界的儒家学说为朱子学。因为永乐时，坊间有《四书五经大全》一书，其内容悉依据朱子学说而编纂。当时之科举考试悉依据这《四书五经大全》之说行之。故士林的思想无出乎《四书五经大全》以外者。象山之学，当时视为禅学，视为异端。但朱子博古通今，明初的宗朱学者，从说格物穷理，实际只就朱子所著的《近思录》或此等书而研究，其学识非常浅陋。阳明出版《古本大学》时，当时的学者，尚有不知除朱子的《大学章句》之外有《古本大学》者。由此可知，当时学者的固陋。故徒说"居敬穷理"，而不知反省其心。阳明初研究佛老，后认道家长生不老之说的可笑，又悟佛家的弃人伦出家思想的反乎自然，因绍述象山的"心即理"说，标榜"致良知"，说"知行合一"之说，以反抗朱子之说。兹提要揭其学说与朱子学说迥异之点于后。

朱子对于"理气"之说，视为二物，而立二元论。阳明的理气观，则认为一物的两面，而倡对等的一元论。

朱子的“性论”，谓性的本体即“未发之中”，不可以“善”“恶”名。其所为善，是已发之和，偶然与阳明之说，大致相同。但阳明谓性体的发用，必借气行之。故告子的所谓“四端”，即不外乎气。故性即气、气即性，二者如二，二实为一。禀受后之性，是不可分的。关于此点，朱子号称禀受后之性为气质之性，而认性、气的不可离，然性、气之间犹设截然的区别。故其观点，因以不同。这是因为朱子执理气二元论，阳明执理气一元论，由此而生的自然的归结。

“心”与“理”的关系，朱子认为虚灵气中具有性的理者为心，即寓于理的气中者为心。换句话说，即理与气相合，而成为心，将两者区别而观。阳明则据象山之说，认为心即理，视心与理二者为同一之物。朱子之说，认心主乎一，而实管乎天下之理；阳明之说，认心虚灵不昧，众理具而万事出。

致知格物之说，朱子认“知”为知识之知，“物”为事事物物，致知格物为“即物穷理”之意。万物之理，号“皆备于吾心”，然不学，则不知理，故即物穷理，以开发吾心。阳明认“知”为良知，格物之“格”为“正”之意，故物为意之所在。吾人的良知灵昭明觉，但蔽于物欲，即失其真，故当格物，去人欲，存天理，复其良知于至极。致良知的工夫，静坐固有效，但不过其一法。此外，必在事上磨炼。这一点，与宋儒的致知格物专事静坐者不同。

“知行合一”说为阳明的主张。朱子则主张“先知而后行”说。这是由于对格致的认识各异而然。盖朱子认“知”为经验的知识，故广穷事物之理，即至于知，故倡“先知后行”说。阳明认“致知”为致我的良知于意之所在的事物上，故有“知行合一”说。

阳明在大人教育论中，释《大学》一书中所论为“大人之学”，《大学》是谈圣道、伟人修养论的书，与朱子之释《大学》为“大学教育论”之见不同。朱子之所谓“大学”，是与小学相对而言的大学。朱子认《大学》三纲领之“在亲民”中的“亲民”二字应改为“新民”；阳明则主张仍存其旧，作“亲民”二字，亲民则所以明明德，为明明德的手段。又“止于至善”，朱子认为至善当于事事物物中求之，阳明在至善为本然之性，为良知，“止至善”则为复本然之性。再朱子研究《大学》一书，以“格物致知”为主眼，阳明则以“诚意”为眼目，格物只为诚意之功。诚意之极不过止于至善。至于“至善”之则，为致知。①

① 本讲选自文通书局1942年出版的《大教育家文库》。

/第三讲/

谢无量·阳明之伦理学

性　说

性善恶论，为中国伦理学史上之一大问题。古来圣贤，以至诸子百家，无不论性者。若详举之，则更仆难终。今仅就陆王一派之性说比较研究之。

象山固主绝对之性善论，而其议论不多见，仅可由平日论学宗旨，推知之而已。惟阳明书中，关涉人性者，不一而足。或评古今性说，或演绎先哲之语，或自述论性之旨。言语既繁，学者每滋异解。有谓“阳明近于告子‘性无善无不善’说”者，有谓“近于佛氏‘不思善不思恶’之说”者，有谓“近于苏东坡、胡五峰之说”者，有谓“近于扬雄、司马光‘性善恶混’之说”者。故世于阳明论性，其无定评如此。辄就所谓相近之数子而考之于后。

东坡论性，实近于告子之“性无善无不善”。朱晦庵亦评告子性说曰：“近世苏东坡、胡文定公之说皆如此。”（《孟子集注》）五峰继胡氏家学，所言亦略同。惟扬雄及司马光之论性则与此微异。盖雄、光皆以性中具有善恶二元素，而东坡则谓性中不能以有善恶也。《东坡集·扬雄论》曰：“夫善恶者，性之所能之，而非性之所能有也。且夫言性者，安以其善恶哉？虽然，扬雄之论，则固已近之。曰：‘人之性善恶混。修其善则为善人，修其恶则为恶人。’此其所以异者，唯其不知性之不能以有夫善恶，而以为善恶之皆出乎性也。”于是东坡又自下善恶之定义曰：“夫太古之初，本非有善恶之论。唯天下之所同安者，圣人指以为善。而一人之所独乐者，则名以为恶。”征以上诸语，可见扬雄与东坡性说之差，唯善恶之标准若何，东坡亦未详言耳。

胡五峰性说本于子思所谓“天命之性”，含义颇高远，盖指身中所具万理之全体而言之。其言曰：“大哉性乎！万理具焉。天地由此而立矣！世儒之言性者，类指一理而言之尔，未有见天命之全体者也。”（《胡子知言》卷四）又曰：“或问性，曰：‘性也者，天地之所以立也。’曰：‘然则孟轲氏、荀卿氏、扬雄氏之以善恶言性也非欤？’曰：‘性也者，天地鬼神之奥也。善不足以言之，况恶乎？’或者问曰：‘何谓也？’曰：‘宏闻之先君子曰：“孟子所以独出诸儒之表者，以其知性也。”宏谓曰：“何谓也？”先君子曰：“孟子道性善云者，叹美之辞也，不与恶对。”’”（《胡子知言疑义》）又曰：“圣人发而中节，而众人不中节也。中节者为是，不中节者为非；挟是而行则为正，挟非而行则为邪；正者为善，邪者为恶。而世儒乃以善恶言性，邈乎辽哉！”（《胡子知言疑义》）五峰性说，后人不无疑议，大抵近于“性无善无不善”之说。欲知陆、王之论性，固不可不先考此数家也。

象山论性处极少。尝曰："人性皆善。其不善者，迁于物也。"又告学者曰："汝耳自聪，目自明，事父自能孝，事兄自能悌。此则就良知以推性善。"阳明主"致良知"，又谓"心即理"，皆承象山。而有时论心即以论性。其论良知曰："良知之在人心，无间于圣愚。天下古今之所同也。"（《全书》[1]卷二）又曰："良知、良能，愚夫、愚妇与圣人同。"（《全书》卷二）盖以良知为人心所固有、万人所同，窃取孟子"仁义固有"之说，以证性善者也。又曰："良知原是完完全全，是的还他是，非的还他非。是非只依着他，更无有不是处。这良知还是你的明师。"（《全书》卷三）又曰："尔那一点良知，是尔自家的准则。"（《全书》卷三）又曰："若良知之发，更无私意障碍。即所谓'充其恻隐之心而仁不可胜用'矣。然在常人不能无私意障碍，所以须用致知、格物之功，胜私复理。"（《全书》卷一）然则良知者，吾人百行之标准。依于良知而动，自然无有不善者矣。故又曰："仁义礼智，性之性也。"（《全书》卷二）此即以仁义礼智为性中所固有。阳明之学以良知为最大根本，由良知而立"心即理"之说，由心即理而立"知行合一"之说。综观阳学之全体，固宜必取"性善"说也。

今更就其分别论性者观之，其"四句教"中之前二句曰："无善无恶是心之体，有善有恶是意之动。"（《全书》卷二）此二句，说者或谓类于告子之"性无善无不善"说，或以为类于禅家之"不思善不思恶"（《六祖坛经》）说。然阳明但以明心之本体，非必取于告

---

① 《王文成公全书》，本章中，为尊重谢无量先生原著，以下均简称《全书》。

子与禅家也。故又曰："既去恶念，便是善念，复其心之本体矣。"（《全书》卷三）观此则是指心之本体为善。又《大学古本序》曰："至善也者，心之本体也。动而后有不善。"（《全书》卷七）又曰："至善者心之本体也，心之本体那有不善？"（《全书》卷三）夫既以心之本体为至善，又谓"无善无恶心之体"，则前后岂不自相矛盾耶？由今考之，殆所谓"无善无恶"者，即至善也。王龙溪为阳明入室弟子，其《答吴悟斋书》（《龙溪全集》卷十）中揭四句教，第一句"无善无恶心之体也"，作"至善无恶心之体也"，可证"无善无恶"即"至善无恶"之义矣。

阳明论心处甚多，皆率主伦理，而罕关于心理者。其言心性之别曰："就其主宰处说，便谓之心；就其禀赋处说，谓之性。"（《全书》卷一）又论身心、意知之关系曰："无心则无身，无身则无心。但指其充塞处言之谓之身，指其主宰处言之谓之心，指心之发动处谓之意，指意之灵明处谓之知。"（《全书》卷三）又论心性与天之关系曰："夫心之体性也，性之原天也。"（《全书》卷二）又论情曰："喜、怒、哀、惧、爱、恶、欲，谓之七情。七者俱是人心合有的，但要认得良知明白。"（《全书》卷三）又论心、性、理之关系曰："心之本体即是性，性即是理。"（《全书》卷一）综阳明之心、性、情等说，亦如张横渠所谓"心统性情者"（《张子全书》卷十四）矣。至云："'无善无恶心之体'即'心之本体即是性'，与'有善有恶意之动'等，则心有体、有用。体静而用动，性静而意动。"宋陈北溪尝论"心之体用"，曰："寂然不动者其体，感而遂通者其用。'体'即所谓性，以其静者言也；'用'即所谓情，以其动者言也。”（《北溪字义》）此与阳明之说相出入。阳明就七情说诚意工夫，以“有善有恶意之动”，盖意之动向外，情之动向内。二者虽各有区别，要同发于心无疑也。至于以“性之原天”，则与子思“天命之谓性”及董仲舒“道之大原出于天”同意。“性即理”是本程伊川说，象山但言“心即理”，阳明兼言“性即理”。由理而推之性，由性而推之天，以见至善之本。则自伦理之意义外，同时而立宇宙论之基础，尤密于象山矣。

阳明又曰：“性一而已。自其形体也谓之天，主宰也谓之帝，流行也谓之命，赋于人也谓之性，主于身也谓之心。”（《全书》卷一）冯柯《求是编》非之曰：“是以天也、帝也、命也、性与心也，皆属之性矣，而可乎？既以是五者而皆属之性，则所谓‘赋于人而谓之性’者，又谁赋乎？盖阳明不识‘性’字，‘性’字只当一个‘太极’字看了，所以舛错至此。”冯氏分别天、人，以见性之异，阳明则就天人合一处以论性之一，故其说不相容。阳明岂真不知天人之别哉？惟冯氏论亦颇明晰，故引之于此。冯柯又曰：“理即是仁义礼智，仁义礼智即是性。性即是善，善即是道，道即是阴阳，但自天言之；谓之道，谓之阴阳，自人言之；谓之善，谓之仁义礼智，谓之性，谓之理云尔，则是性也者，分明属人而言。”要之冯氏之说，实不察阳明本意在解除世人之局束，以示天人融会之妙。冯氏未为知阳明也。

以上论阳明所言心性之关系。至阳明言性，每以“无善无恶”及“至善”二语释之，若有同一之意义者然。其言曰：“性之本体，原是无善无恶的。”（《全书》卷三）又曰：“至善者，性也。性原无一毫之恶。”（《全书》卷一）盖阳明以“理之静”与“气之动”区别，以“无善无恶”与“有善有恶”区别。其意谓“无善无恶”即“至善”也。故曰：“无善无恶理之静，有善有恶者气之动。不动于气，即无善无恶是谓至善。”（《全书》卷一）又论天命之性，为纯粹至善曰：“至善者，明德亲民之极则也。天命之性，粹然至善。其灵昭不昧者，此其至善之发现。”（《全书》卷二）然则性之本体为无善无恶，即纯粹至善。惟其发现有过不及，始不能无善恶之别耳。

虽然本体至善，使无外界之诱惑，则其发现者自无不善。今即不曰“性至善”，亦不得不曰“性善”也。故阳明曰：“人性皆善。”（《全书》卷一）又曰：“性无不善。”（《全书》卷二）此皆就性之本言之，与孟子之说无异。又曰：“性一而已。仁义礼智，性之性也；聪明睿智，性之质也；喜怒哀乐，性之情也；私欲客气，性之蔽也。质有清浊，故情有过不及而蔽有浅深也；私欲客气，一病两痛，非二物也。”（《全书》卷二）此益见阳明承孟子，皆论性之本，故以“仁义礼智”为性之性，以“私欲客气”为性之蔽。阳明卒，门人黄绾上疏辩伪学之禁曰：“守仁之‘致良知’说，实本先民之言。盖‘致知’出于孔氏，‘良知’出于孟轲性善论。”然则阳明不取性善论，则无以立其良知说，征于此而益信矣。

夫至善既为心及性之本体，然如何而至发现善恶？阳明曰：“至善者，心之本体也。心之本体，那有不善？如今要正心，本体上何处用得工？必就心之发动处才可着力也。心之发动，不能无不善。故须就此处着力，便是在诚意。”（《全书》卷三）又其“四句教”曰：“无善无恶心之体，有善有恶意之动。知善知恶是良知，为善去恶是格物。”（《全书》卷三）盖人有喜、怒、哀、惧、爱、恶、欲七情，皆由心发动，是以善恶生焉。若欲其发而无不善，非着力诚意之功不可。然阳明所谓善恶者，又何如乎？其言曰：“夫在物为理，处物为义，在性为善。因所指而异其名，实皆吾之心也。心外无物，心外无事，心外无理，心外无义，心外无善。吾心之处事物，纯乎理而无人伪之杂，谓之善，非在事物有定所之可求也。处物为义，是吾心之得其宜也？义非在外可袭而取也。”（《全书》卷四）又曰：“至善者，心之本体。本体上才过当些子便是恶了，不是有一个善，却又有一个恶来相对也。”（《全书》卷三）此说略本程明道之旨。阳明之论善恶，大抵此类。今就阳明性说，摘要如下：

（一）阳明以良知为本，故取孟子之“性善”说，及“良知”“良能”之言。

（二）心之本体即性。性即理也，即天也。

（三）性之本体，寂然不动，超绝善恶之形容，故谓之“无善无恶”。

（四）无善无恶，即超绝之善，所谓至善是也。故天命之性，为纯粹至善，兼通“性即理、即天”之说。

（五）至善之性，发动而有情与意，乃不能无善恶。所谓善恶，即过与不及是也。故阳明重诚意，意即心之所发动，而善恶所由分。

（六）阳明“无善无恶”一语，与告子、东坡不同。阳明是由哲学之基础论性之本体，告子、东坡但浑然言其无善恶而已。当于后述阳明之评告子详之。

（七）扬雄及司马光之性善恶二元论，尤与阳明有异。

（八）胡五峰性说，大致若与阳明同，而其说明之际不无小异，如评孟子处，五峰与阳明不同也。

（九）程明道性说，虽未甚明了，细玩之实类阳明。后当述阳明评明道说，可以知之。

（十）禅家“不思善，不思恶”之语，所以示静中功夫，不免强制念起。阳明言“无善无恶”，但以形容心体寂然不动之本态而已。此其所异也。

阳明评古者论性之言，往往标其特见，掇而录之，亦可以窥阳明性说之全体矣。盖尝先论言性者之异同曰：“性无定体，论亦无定体。有自本体上说者，有自发用上说者，有自源头上说者，有自流弊处说者。总而言之，只是一个性，但所见有浅深尔。若执定一边，便不是了。”（《全书》卷三）又譬喻以明之曰：“譬如眼，有喜时的眼，有怒时的眼；直视就是看的眼，微视就是觑的眼。总而言之，只是这个眼。若见得怒时眼，就说未尝有喜的眼；见得看时眼，就说未尝有觑的眼，皆是执定，就知是错。”（《全书》卷三）然阳明用意所在，又贵见性，而不贵说性。故又曰：“今之论性者纷纷异同，皆是说性非见性也。见性者无异同之可言矣。”（《全书》卷五）盖说性者仅言论上之事。若夫见性，则非积涵濡体认之功，不能确切有所悟入也。说性者虚，见性者实。阳明见世人说性之纷扰，而深欲其加意于见性焉。

阳明尝评孟子、告子、荀子、明道之性说，以孟子之道性善，直从本原上说来，欲人明彻本原上功夫。故曰："孟子从源头上说性，要人用功在源头上明彻。"（《全书》卷三）按孟子言性善，通性情才，彻头彻尾纯善。人勿失其本性，则得全仁义。其为不善者，外界之物欲陷之也。阳明以孟子说性之源头，即以为明性之本体。故又曰："性之本体原是无善无恶的（即至善）。发用上也原是可以为善，可以为不善的。"（《全书》卷三）是全同程明道说。明道曰："人生而静以上不容说，才说便已不是性也。凡人说性，只是说'继之者善'也，孟子言'人性善'是也。"（《二程全书》卷一）盖阳明以孟子是说性之纯粹至善之本体也。

告子言"性无善无不善"，其与孟子论难，至设湍水、杞柳种种之喻以相折。晦庵以其纷纭缪戾，或类荀，或类扬。然告子性说亦能自持其辨，首尾相贯，无所矛盾。所云"生之谓性"，指人之运动、知觉。又曰："食色，性也。"故以性为无善无不善。惟满足其性，当见善恶之别而已。此湍水、杞柳之喻所由来也。盖欲明告子论性之得失，不可不先知告子之意。告子论性，实兼性与情而言。善恶不求诸心，而求诸外界，是以其论与孟子不合。告子性说，骤视似易解，细考之即多未备。阳明评告子"生之谓性"曰："但告子认得一边去了，不晓得头脑。若晓得头脑，如此说亦是。孟子亦曰：'形色，天性也。'这也是指气说。"又曰："凡人信口说，任意行，皆说'此是依我心性出来'。此是所谓'生之谓性'，然却有过差。"（《全书》卷三）阳明以告子不说从良知行动，徒求善恶于外界习染一边，至以任意言行为性，是其误处。又指告子"生之谓性"与孟子言"形色天性”皆是说气，使告子能认得源头之良知，斯所说亦无不可耳。

阳明又以告子论性之蔽，即在以性为无善无恶，而善恶全由外界来，是截然分内外为二。故曰：“告子见一个性在内，见一个物在外，便见他于性有未透彻处。”（《全书》卷三）如阳明以无善无恶为至善，而善恶者不过发动之际，其中节有过不及，斯则无告子分别内外之失矣。

阳明以荀子之“性恶”说全从流弊上着眼，故曰：“荀子‘性恶’之说，是从流弊上来，也未可尽说他不是，只是见得未精耳。”又曰：“荀子从流弊说性，功夫在末流上救正，便费力了。”（《全书》卷三）荀子本主“性恶”论，以为“任人之性，则无不入于利己，而至于淫佚争夺”。阳明就己意评之，谓为从流弊上说来。荀子欲使人之本性同化于道，与圣人之礼法一致，而阳明评为在末流上救正。荀子持“性恶”，于言善处未备；孟子持“性善”，于言恶处未备；阳明则仅以荀子见得未精。不过，孟子从源头上着眼，荀子从流弊上着眼耳。

程明道性说，其颇难解者为“生之谓性”“人生而静以上不容说”“才说性便不是性”数语。朱晦庵解之曰：“‘人生而静以上’即是人物未生时。人物未生时，只可谓之理，说性未得，此所谓‘在天曰命’也。‘才说性时便已不是性’者，言才谓之性，便是人生以后。此理已堕在形气之中，不全是性之本体矣，故曰‘便已不是性也’。”（《性理大全》卷三十）晦庵解此节极详。然阳明之解尤简明。阳明曰：“‘生之谓性’，‘生’字即是‘气’字，犹言气即是性也。‘气即是性’‘人生而静以上不容说’‘才说气即是性’，即已落在一边，不是性之本原矣。孟子‘性善’是从本原上说。然性善之端须在气上始见得，若无气，亦无可见矣。恻隐、羞恶、辞让、是非，即是气。程子谓：‘论性不论气，不备；论气不论性，不明。’亦是为学者各认一边，只得如此说。若见得自性明白时，气即是性，性即是气，原无性气之可分也。”（《全书》卷二）阳明平日言性，以性之本体为无善无恶，即至善，本较明道加详。其评明道之说，直谓见性明时，无性气之可分，益自证成其简易直截之旨矣。

明道又曰：“善固性也，恶亦不可不谓之性。善恶皆天理。”此数语亦后人引为难解者。然阳明屡说“善恶只是一物”，却正与明道此意符合。《传习录》曰：阳明尝以此谕门人黄直，因悟明道之说。“直问：‘先生尝谓善恶只是一物。善恶两端如冰炭相反，如何谓只一物？’先生曰：‘至善者心之本体。本体上才过当些子，便是恶了。不是有一个善，却又有一个恶来相对也。故善恶只是一物。’直因闻先生之说，则知程子所谓‘善固性也，恶亦不可不谓之性’。又曰：‘善恶皆天理，谓之恶者本非恶，但于本性上过与不及之间耳。’其说皆无可疑。”（《全书》卷三）观直闻阳明之说而悟明道之旨，则阳明、明道其论性相同可知。陆、王言性善，皆远取孟子，而近宗明道者也。

心即理说

“心即理”说之渊源

阳明以陆象山之学，得孔、孟之真传。故承象山简易直截之讲学法，而益发挥其“心即理”说，是以陆、王共为心学之宗也。

心学之源，盖称发自尧、舜、禹精一之训。至孔子集其大成，而以“仁”之一字，一贯人道。其教弟子，唯求其心之仁。孟子继孔子之道，攻击墨子之“兼爱”说、告子之“义外”说。遂曰：“仁，人心也。”又谓：“学问之道无他，在求其放心。”又谓仁义礼智，心所固有，非由外铄，何莫非以讲明心学为要乎？汉魏六朝以来，佛老之徒盛，以遗弃人伦事物常道为务，则儒者之心学中息焉。至于有宋，周濂溪、程明道复寻孔、颜之绪，精一之旨，心学复兴，及陆象山出，益以简易直截为归。自是言心学者皆称象山，惟同时朱晦庵以穷理为宗，不专尚心学，故后人有朱、陆异同之辨。而陆学流传，不如朱学之广。明世阳明复起，始又远承象山之统。今欲究阳明之“心即理”说，不可不先究象山之“心即理”说矣。（精一之训，出自伪《古文尚书》。然在理学上沿为术语已久，故今仍以为心学之源）

象山之“心即理”说，含义颇深。当象山十三岁时，读古书至“宇宙”二字，解者曰：“四方上下曰‘宇’，往古来今曰‘宙’。”忽大省曰：“元来无穷，人与天地万物，皆在无穷之中者也。”乃援笔书曰：“宇宙内事，乃己分内事；己分内事，乃宇宙内事。”又曰：“宇宙便是吾心，吾心即是宇宙。东海有圣人出焉，此心同也，此理同也；西海有圣人出焉，此心同也，此理同也；南海、北海有圣人出焉，此心同也，此理同也；千百世之上，至千百世之下，有圣人出焉，此心、此理亦莫不同也。”（《象山先生全集》卷三十六）他日象山启悟学者，多及“宇宙”二字，窃尝论之。象山因究天地之所穷际，而悟人间与宇宙之关系曰：“夫人与天地万物，皆在此无穷之中。其起于吾心内之诸现象，即宇宙内之诸现象也。”由是以推，则吾心所思维之理，即宇宙之理。而凡宇宙之理，吾心固无不得思维之者矣。吾心思想之法则，亦即合于宇宙之法则。宇宙不啻一大我，而我不啻一小宇宙，故曰“宇宙内事，乃己分内事”。至于“宇宙即吾心”“吾心即宇宙”者，吾所具之心、所具之理，即宇宙之理，即往古来今、东西南北之圣人所具之心之理。特举之曰：“圣人云者，亦以其能显现心之全体，而不为物欲所蔽耳。然则吾心，即千古之心；所具之理，即千古之理。有此心即常有此理。此心、此理，东西、古今，万人所同。非一人之心，一时之心，而充塞宇宙恒久不磨之心，充塞宇宙恒久不磨之理也。”知象山“宇宙便是吾心，吾心即是宇宙”之说，斯可通彻象山学说之全矣。象山“心即理”之说，实自十三岁时已有所悟，后推而大之，成一简易直截之心学。后世尊象山者以此，其诋象山以为近禅学者亦以此。要之象山所谓“心即理”者，远则宇宙万物之理备于心，近则人伦百行之标准备于心，故人当不失其本心。而所谓“理”者，遍满宇宙，无有际限，秩序井然不乱。天地万物由之而顺，人类彝伦由之而叙。为宇宙之原则者，此理也；为政治及道德之原则者，亦此理也。理既为自然律，又为道德律，大哉理乎！子思以一“诚”字为宇宙及伦理之原则。象山之言理，殆无异子思之言诚也，虽然尤有不可不察者。心所以能为百行标准者，以理备于吾心故也。惟此备理之本心乃能为标准，而非并言其作用。故象山特以本心及良知、良能，与邪心、私心区别。心本一也，至其作用，则或有不能正而陷于邪，不能公而流于私者。盖公与正者，心之本体；邪与私者，外物陷溺之所由生也。象山所谓“心即理”之心，指本心即良知，非兼邪心、私心而言。故《与曾宅之书》曰：“此理本天所以与我，非由外铄。”（《象山先生全集》卷一）则理赋于先天，得名之为心，名之为良心，即具充塞宇宙之理之心也。又曰：“心，一心也；理，一理也。至当归一，精义无二。此心、此理实不容有二。”（《象山先生全集》卷一）言心与理之关系，此非最深切著明之语耶？夫然后宇宙内事皆己分内事。心外无事，心外无理。宇宙之理皆具吾心。故又曰：“万物皆备于我，只要明理。”（《象山语录》）象山所谓“理”，合于孔子之言“仁”、子思之言“诚”。使学者契天人一贯之符，以达于圣人之阃域焉，真所谓“简易直截”者也。阳明又由象山之“心即理”说而益征之于实践之地，以切于人生之行为，当于后论之。

“心即理”之意义

要之阳明所用“心即理”一语，其意义果如何？今请得而详释之。夫“心即理”者，即心与理合一之谓也。盖理无不备于心，求之心而理得矣，虽曰“心外无理”可也。理为标准，为法则，又为至善，故心亦得为标准，为法则，为至善也。吾明吾心，而求标准、法则之所在，斯理亦在焉。更详言之，则“心即理”者，与二与二为四之相等者不同。心之标准常正，而其作用则有正、邪，故阳明特揭良知与邪心区别。至古来辨“心之正邪”之术语，有道心、人心、天理、人欲、本心、私心、性欲、私欲、良知、物欲等名，或约之为仁义之心与利欲之心，以立义、利二者之辨。又就性分为天地之性、气质之性。气质之性虽不尽恶，然以视天地之性，则含恶较多，可与佛家所谓“真如佛性，无明烦恼”互相参考发明。故良知之与邪心，一则高尚纯洁，一则卑劣污浊，不可同器。是以人间之心之作用，其上焉者可由以优入圣域，下者至近于禽兽，其几不可不辨也。陆、王所谓“心即理”之真义是指良知之本心，能为百行之标准者而言，而邪心、私心不与焉。世或误解“心即理”之语，以本心与私心同类而并论之，遂以心学之弊将流于放僻邪侈，无所不至。是岂陆、王之本旨哉？故略论其差别于此。

“心即理”与“即物穷理”

陆、王“心即理”之说，与朱子“即物穷理”之说，有不相容者。朱子以世间一切事物，各各具理。当依于经验，各就其事而详考之，而理乃可得而明也。凡人生、日用之事，以至一草一木之微，皆莫不有理，可以为讨究之资。譬如对亲当孝，对兄当悌。欲求孝悌之道，必先观孝悌之古训，征之师友之言，渐以确识孝悌之定理，然后取而实行之，是不免求理于心外也。

阳明则不然，以为不须详求世间一切事物之理，事物之理皆悉具于吾心中。故曰：“夫物理不外于吾心。外吾心而求物理，无物理矣。遗物理而求吾心，吾心又何物耶？”（《全书》卷二）盖吾心果清明无蔽，则于所为之事能示以自然之标准，若何而可？若何而不可？有不待学问而后知者。今略比录朱子及阳明论心之异同于下：

> 朱子曰：“人心之灵，莫不有知。而天下之物，莫不有理。”（《大学章句》）
>
> 阳明曰：“心外无理，心外无事。”（《全书》卷一）
>
> 朱子曰：“虚灵不昧，以具众理而应万事。”（《大学章句》）
>
> 阳明曰：“虚灵不昧，众理具而万事出。”（《全书》卷一）

如以上所说，则朱子分心与理为二，而阳明合心与理为一，此其不同也。故阳明非朱子处甚多。如曰："朱子所谓'格物'云者，在即物而穷其理也。'即物穷理'是就事事物物上求其所谓定理者也。是以吾心而求理于事事物物之中，析心与理而为二矣。"（《全书》卷二）阳明又微讽朱子之"即物穷理"说析心与理为二者，以为同于告子之"义外"。其言曰："夫外心以求物理，是以有暗而不达之处。此告子'义外'之说。孟子所以谓之'不知义'也，心一而已。以其全体恻怛而言，谓之'仁'；以其得宜而言，谓之'义'；以其条理而言，谓之'理'。不可外心以求仁，不可外心以求义，独可外心以求理乎？外心以求理，此知行之所以二也。求理于吾心，此圣门知行合一教。"（《全书》卷二）然则孟子谓"义内"，告子谓"义外"；阳明谓"理内"，朱子谓"理外"。其相违者在此。

阳明与朱子之异，亦如西洋哲学中理性论者与经验论者之异。惟阳明所谓"理"，视朱子所谓"理"范围稍狭。朱子以人间一切行事，乃至天地间一草一木，莫不有理；阳明所谓"心即理"，则似专指道德律言之而已。然阳明所谓"心即理"之内容果何如者？盖当时门人亦有疑"心即理"之说者。《传习录》记徐爱问："至善只求诸心，恐于天下事理有不能尽？"阳明曰："心即理也。此心无私欲之蔽，即是天理，不须外面添一分。以此纯乎天理之心，发之事父便是孝，发之事君便是忠，发之交友治民便是信与仁。只在此心去人欲、存天理上用功便是。"爱曰："如事父一事，其间温、清、定、省之类，有许多节目，不知亦须讲求否？"曰："如何不讲求？冬温、夏清也，只是要尽此心之孝，恐怕有一毫人欲间杂。此心若无人欲，纯是天理，是个诚于孝亲之心。冬时自然思量父母寒，自去求温的道理；夏时自然思量父母热，自去求清的道理。譬之树木，这诚孝的心便是根，许多条件便是枝叶。须先有根，然后有枝叶，不是先寻了枝叶，然后去种根。”如以上说，则以去私欲、存天理，即真实无妄之心，为“心即理”之内容。至所谓“天理”，又可由人人直觉而知之，即良知是也。阳明之言天理，颇有近于康德所言无上命令法。“心即理”之内容，当参考后章良知说，可得其详。

要而论之，朱子求理于外，阳明求理于内。其说虽全相反，而各含一部之真理，可以并行而莫能偏废者也。即以孝言，阳明偏于孝之理，朱子偏于孝之事，亦所持理内、理外之不同耳。阳明之时，程朱旧说方盛。阳明虑世人汲汲求理于心外，而流入支离，故倡“知行合一”及“心即理”之说。实将以矫一时之弊，非故为此门户之争也。然门人中犹有以为疑者。阳明尝戒弟子曰：“诸君要识得我立言宗旨。我如今说个‘心即理’是如何，只为世人分心与理为二，故便有许多病痛。”（《全书》卷三）又因序《象山文集》而叹古来学者之流于支离曰：“析心与理而为二，而精一之学亡。世儒之支离，外索于刑名器数之末，以求明其所谓物理者，而不知吾心即物理，初无假于外也。佛老之空虚，遗弃其人伦事物之常，以求明其所谓吾心者，而不知物理即吾心，不可得而遗也。”（《全书》卷七）然则阳明之说，盖应于时势之新要求，有不得已者焉。又益致其精微之辨，以发孔、孟教旨之精神，故卓然为象山以后之大哲。而此“心即理”说与“知行合一”说、“致良知”说为阳明学之三纲领。欲求姚江一派之宗旨者，不可不加意乎此也。

“知行合一”论

阳明之学，本承象山，而“知行合一”之说则象山所未尝质言也。盖象山论学，先讲明而后践履。其《与赵咏道书》曰：“为学有讲明，有践履。《大学》‘致知’‘格物’，《中庸》‘博学’‘审问’‘慎思’‘明辨’，《孟子》‘始条理者，智之事’，此讲明也；《大学》‘修身正心’，《中庸》‘笃行之’，《孟子》‘终条理者，圣之事’，此践履也。‘物有本末，事有终始，知所先后，则近道矣。’‘欲修其身者，先正其心；欲正其心者，先诚其意；欲诚其意者，先致其知。致知在格物。’自《大学》言之，固先乎讲明矣；自《中庸》言之，学之弗能，问之弗知，思之弗得，辨之弗明，则亦何所行哉？未尝学问、思辨，而曰‘吾惟笃行之’而已，是冥行者也。自《孟子》言之，则事盖未有无始而有终者。讲明之未至，而徒恃其能力行，是犹射者不习于教法之巧，而徒恃其有力。谓吾能至于百步之外，而不计其事未尝中也。”（《象山集》卷十二）又《与彭子寿》曰："大抵讲明存养，自是两节。"（《象山集》卷七）盖象山以讲明为知，存养践履为行。先讲明而后践履，是先知后行也。故"知行合一"之说，伊川微引其端，而阳明益详说之，不尽渊源于象山也。

阳明所谓"知行合一"者，即知行并进，不分先后之意。盖古之论行为，有言先知后行者，有言先行后知者。阳明特取于其中间，而倡"知行合一"之说。

第一，先知后行。

第二，知行合一。

第三，先行后知（如已实行之，而当时不自知其为善也）。

自来论知行之关系，不出上之三种。第一，先知后行，为世之常谈，然往往有知之而不能行者。第二、第三说则较重实行。阳明用"知行合一"之第二说，实取第一、第三说而折衷之者也。今先括"知行合一"之义于下：

一、知则必行。

二、知与行并进。

三、不行由于知未真故。

四、真知则必行。

五、不行终不能得真知。

六、知为理想，行为实现，真理想必实现。若不实现，仅当名空想，不可名理想。世之空想家多，而能真知实践者少，故阳明发此论。

七、知为理论，行为实际。理论之可贵与否，因其适于实际与否而定。不适于实际之理论，不足贵也。所谓理论与实际相违之说，既阳明所决不许。故倡言“知行合一”，以斥架空之辨。

八、知行合一，为知行关系之真相。

九、“知行合一”说，可以鼓励实践之勇气。

十、知行合一，其所谓“行”不限于动作，兼指心之念虑而言。譬如知恶念是知，绝其恶念使之不生即是行。

阳明所说“知行合一”之义，不出上之十种。至于“知行合一”之范围，则仅限于人事，而不及自然界。盖凡政治、道德，及一切关于人事者，知之即无不可行之。若夫自然界之事，能知之而即能行之者较罕。故阳明言“知行合一”，始终以实践为主，亦专就人事上言之耳。然犹有疑者，“知行合一”果何所知而何所行乎？由阳明“心即理”之说观之，则可知所行仍不外为善去恶。若谓“知恶便行恶”，以解“知行合一”，不惟异于阳明之本旨，抑亦大害于人心矣。今更即阳明“知行合一”说，分析论之。

“知行合一”之要旨

阳明所谓“知行合一”者，以为真知未有不能行。故耳闻目见而以为知者，非真知也；漠然幻想而以为知者，非真知也。惟实地经验，而发之于行事，而后其知乃真。知不啻行之预想。苟无行，安有知？如口言孝悌，而不能躬行孝悌，亦其于孝悌之实，知之未真耳。知之决能行之，知行决不可离者也。故曰：“知是行的主意，行是知的工夫；知是行之始，行是知之成。若会得时，只说一个知，已自有行在；只说一个行，已自有知在。”（《全书》卷一）又曰：“未有知而不行者。知而不行，只是未知。”（《全书》卷一）阳明倡“先天良知”之说，故见谓去恶存善，为人性之固然。未有真知善而不能为，真知恶而不能去者也。于是又以“知行合一”矣，当使之并进，不可分为两事。曰：“知之真切笃实处即是行，行之明觉精察处即是知。知行工夫本不可离，只为后世学者，分作两截用功，失却知行本体，故有‘合一并进’之说。真知即所以为行，不行不足谓之知。”（《全书》卷二）又曰：“知者行之始，行者知之成。圣学只一个工夫，知行不可分为两事。”（《全书》卷一）此则以“知行合一”为圣学唯一之工夫。其云“先知后行”者，非圣学之本旨矣。

盖阳明之时，世方溺于知而忽于行。阳明特思注重实践，以救其弊，乃揭“合一并进”之旨，为言先知后行者下一针砭。故曰：“某今说个‘知行合一’，正是对病的药，又不是某凿空杜撰。知行本体原是如此。今若知得宗旨时，即说两个亦不妨。若不会宗旨，便说一个亦济得甚事？只是说闲话。”（《全书》卷一）又曰：“‘知行’

原是两个字说一个工夫。这一个工夫，须著此两字，方说得完全无弊病。”（《全书》卷一）凡事必以知行相合而成，故知行工夫唯一而已。阳明在申知行之真义，非徒沾沾于文字间也。

“知行合一”之问难

阳明初倡“知行合一”之说，较其余学说尤为简易直截。门人多未达者，盖士蔽于习久，未可以骤悟也。当时问难之词约有三种，兹括而述之。

门人问曰：“如今人尽有知得父当孝、兄当悌者，却不能孝、不能悌。便是知与行分明是两件。”阳明答曰：“此已被私欲隔断，不是知行的本体了。未有知而不行者。知而不行，只是未知。圣贤教人知行，正是要复那本体，不是着你只恁的便罢。故《大学》指个真知行与人看，说‘如好好色’‘如恶恶臭’。见好色属知，好好色属行，只见那好色时，已自好了，不是见了后，又立个心去好；闻恶臭属知，恶恶臭属行，只闻那恶臭时，已自恶了，不是闻了后，别立个心去恶。如鼻塞人，虽见恶臭在前，鼻中不曾闻得，便亦不甚恶，亦只是不曾知臭。就如称某人知孝、某人知悌，必是其人已曾行孝、行悌，方可称他知孝、知悌。不成只是晓得说些孝悌的话，便可称为知孝悌。”（《全书》卷一）于此可见，时人骛于知而怠于行，故阳明极言“合一并进”之真意如此。

门人问曰：“古人说知行做两个，亦是要人见个分晓。一行做知的工夫，一行做行的工夫，即工夫初有下落。”阳明答曰：“古人所以能既说一个‘知’，又说一个‘行’者，只为世间有一种人，懵懵懂懂地任意去做，全不解思维省察也，也只是个冥行妄作，所以必说个‘知’，方才行得是；又有一种人茫茫荡荡，悬空去思索，全不肯着实躬行，也只是个揣摸影响，所以必说一个‘行’，方才知得真。此是古人不得已补偏救弊的说话。若见得这个意时，即一言而足。今人却就将知行分作两件去做，以为必先知了，然后能行。我如今且去讲习讨论，做知的工夫。待知得真了，方去做行的工夫。故遂终身不行，亦遂终身不知。此不是小病痛，其来已非一日矣。”（《全书》卷一）盖门人中有举古来圣贤所说知行之关系以相质者，而阳明答之如此。

门人问曰：“工夫次第，不能无先后之差。如知食乃食，知汤乃饮，知衣乃服，知路乃行。未有不见是物，先有是事，此亦毫厘倏忽之间，非谓截然有等，今日知之而明日乃行也。”阳明答曰：“夫人必有欲食之心，然后知食。欲食之心即是意，即是行之始矣。食味之美恶，必待入口而后知，岂有不待入口而已先知食味之美恶者耶？必有欲行之心，然后知路。欲行之心即是意，即是行之始矣。路岐之险夷，必待亲身履历而后知，岂有不待亲身履历而已先知路岐之险夷者耶？知汤乃饮，知衣乃服，以此例之，皆无可疑。”（《全书》卷二）

阳明既立“知行合一”之说，凡有难者，即为随事辩答，使之折服。其言尚多，兹略举其要者而已。

阳明之“知行合一”与伊川之“知行合一”

阳明论知行之关系，或以为近于伊川。盖伊川虽未明言“知行合一”，其说固多可与阳明互相发明也。如曰：“知至则当至之，知终则当遂终之，须以知为本。知之深则行之必至，无有知之而不能行者。知而不能行，只是知得浅。饥不食鸟喙，人不蹈水火，只是知也；人为不善，只为不知。”（《二程全书》卷十六）观伊川此论，虽足为阳明之先导，然细玩之，则伊川之视知犹重于行，阳明之意则以奖厉实行为主，此其微异也。故伊川又曰：“君子以识为本，行次之。今有人焉，力能行之，而识不足以知之，则有异端者出，彼将流宕而不知反。内不知好恶，外不知是非，虽有尾生之信，曾参之孝，吾弗贵矣。”（《二程全书》卷二十八）此伊川尤重知之明征也。希腊苏格拉底亦言“知行合一”，然以知真理为主，其偏重在知，有似伊川，与阳明之论知行并进而意偏重在行者，稍有不同也。

阳明之论知行与朱晦庵之关系

阳明所谓“知行合一”之内容即在一念发动之瞬，而决行为善去恶之功夫。若恶念偶起，不能使之退除，复身行之，此便是过，背于“知行合一”之主旨矣。凡人生之知且行，其根柢无不在于本心之良知。从其良知而行，则可几于善。阳明讲学可谓极其简易，然良知之始著，恒于念虑之微。终日言知行，而卒不能不汲汲以正其念虑为事。其弊或有流于禅而不自知者，是世人之所以为阳明病者也。晦庵非不重行，而本于事物之经验以求之，自然成为“先知后行”之说。其弊或终身致力于训诂注释，以为居敬穷理之功，至不免流于支离灭裂。阳明既主“知行合一”，则亦尝论朱学末流之失。如云：“我如今且去讲习讨论，做知的工夫。待知得真了，方去做行的工夫。故遂终身不行，亦遂终身不知。”此盖暗讽晦庵。冯柯《求是编》曰：“阳明所谓‘且去讲习讨论，做知的工夫。待知得真了，方去做行的工夫’者，盖指朱子言也。然朱子尝有言曰：‘《大学》之书，虽以格物为用力之始，然非谓初不涵养践履，而直从事于此也；又非谓物未格，知未至，则意可以不诚，心可以不正，身可以不修，家可以不齐也。若必俟知至而后可行，则夫事亲从兄，承上接下，乃人生所不能一日废者。岂可谓吾知未至，暂辍以俟其至哉？’观此，则阳明之意朱子已先得之，特阳明未加深考耳。”柯本崇朱学者，故其言如此，然阳明所以讽朱学者本亦过当。晦庵、阳明之立言固各皆以矫一时之弊，亦如今世所谓哲学者，有经验派与直觉派之殊也。

良 知

阳明以“良知”立教之渊源

“良知”“良能”之语始于《孟子》。《孟子》曰：“人之所不学而能者，其良能也；所不虑而知者，其良知也。”又曰：“其所以放其良心者，亦犹斧斤之于木也。”象山承《孟子》之说，颇用“良知”“良心”之语以教学者。如《武陵县学记》曰：“彝伦在人，维天所命，良知之端，形于爱敬。扩而充之，圣哲之所以为圣哲也。先知者知此而已，先觉者觉此而已。”（《象山集》卷十九）要至阳明本《大学》“致知”而曰“致良知”，其说益明备。阳明揭“致良知”三字教人，在五十岁时（武宗正德十六年）。然在此以前，已早悟“良知”。《年谱》谓：“三十七岁春，至龙场，始悟格物致知。”如《传习录》中，徐爱所记诸条，但言“良知”，尚未言“致良知”。然每称天理，已隐寓“致良知”之意矣。盖谪居以后，大彻大悟，首悟“良知”，其后乃又渐立“致良知”之说也。

阳明之初悟“良知”也，存之于心而未得宣之于口。其后遭宸濠之变，蒙张忠、许泰之谗，动心忍性之极，始显倡“良知”之说。故尝“语友人曰：‘近欲发挥此，只觉有一言发不出，津津然含诸口。’久乃曰：‘近觉得此学更无有他，只是这些子。’旁有健羡不已者，则又曰：‘连这些子亦无致处。今经变后，始有“良知”之说。’”（《全书》卷二）又曰：“吾‘良知’二字，自龙场以后，便已不出此意。只是点此二字不出，与学者言，费却多少辞说！今幸点出此意，真是直截。学者闻之，亦省却多少求索！一语之下，洞见全体。学问头脑，至此已是说得十分下落。但恐学者不肯实去用力耳。”（《全书》卷二）又曰：“某于‘良知’之说，从百死千难中得来，非是容易见得到此。此本是学者究竟话头，不得已与人一口说尽。但恐学者得之容易，只把作一种光景玩弄，孤负此知耳。”盖阳明自述其发见“良知”之说之难，又言其于学者之益，有如此者，而勉其不可不用力也。

阳明发现“良知”之说以后，则信之愈深，以为千载圣学不传之秘。故曰：“自孔孟既殁，此学失传几千百年。赖天之灵，偶复有见。诚千古之一快，百世以俟圣人而不惑者也。”（《全书》卷八）又曰：“此‘致知’二字，真是个千古圣传之秘。见到这里，百世以俟圣人而不惑。”（《全书》卷二）又正德十六年，《与杨仕鸣》曰：“区区所论‘致知’二字，乃是孔门正法眼藏。于此见得真的，直是建诸天地而不悖，质诸鬼神而无疑，考诸三王而不谬，百世以俟圣人而不惑。知此者方谓之‘知道’，得此者方谓之‘有德’。异此而学，即谓之‘异端’；离此而说，即谓之‘邪说’；迷此而行，即谓之‘冥行’。虽千魔万怪，眩瞀变幻于前，自当触之而碎，迎之而解。如太阳一出，而鬼魅魍魉自无所逃其形矣。”（《全书》卷三）又嘉靖五年，《寄邹谦之书·第三书》曰：“某近来却见得‘良知’两字，日益真切简易。朝夕与朋辈讲习，只是发挥此两字不出。缘此两字人人所自有，故虽至愚下品，一提便省觉。若致其极，虽圣人天地不能无憾，故说此两字穷劫不能尽。世儒尚有致疑于此，谓未足以尽道者，只是未尝实见得耳。”（《全书》卷三）又《寄邹谦之书·第四书》曰：“赖天之灵，偶有悟于‘良知’之学，然后悔其向之所为者，固包藏祸机，作伪于外，而心劳日拙者也。十余年来，虽痛自洗剔创艾而病根深锢，萌蘖时生。所幸良知在我，操得其要，譬犹舟之得舵，虽惊风巨浪，颠沛不已，尚犹得免于倾覆者也。”（《全书》卷三）

阳明所以教人者，其方法屡变，最后乃揭出“致良知”，自信为最善而无弊之法。《传习录》曰：“一友静坐有见，驰问先生。答曰：‘吾昔居滁时，见诸生多务知解，口耳异同，无益于得。姑教之静坐，一时窥见光景，颇收近效。久之，渐有喜静厌动，流入枯槁之病。或务为玄解妙觉，动人听闻。故尔来只说‘致良知’。良知明白，随你去静处体悟也好，随你去事上磨炼也好，良知本体原是无动无静的，此便是学问头脑。我这个话头，自滁州到今，亦较过几番，只是‘致良知’三字无病。医经折肱，方能察人病理。”（《全书》卷三）由此观之，阳明发见“良知”，固非一朝一夕之故，而又比较折衷，以“致良知”三字，于学人为无病也。

良知固有论

阳明以为良知（良心）者为人心所固有，先天所自具，人人所同有而无间于古今者也。其说与西洋直觉派伦理学者之言相出入。尝曰："良知之在人心，无间于圣、愚，天下古今之所同也。"（《全书》卷二）又曰："盖良知之在人心，亘万古塞宇宙而无不同。"（《全书》卷二）又举《孟子》"四端"章及《中庸》以证之曰："夫良知者，即所谓是非之心，人皆有之，不待学而有，不待虑而得者也。人孰无是良知乎？独有不能致之耳。自圣人以至于愚人，自一人之心，以达于四海之远；自千古之前，以至于万代之后，无有不同。是良知也者，是所谓天下之大本也。致是良知而行，则所谓天下之达道也。天地以位，万物以育，将富贵贫贱，患难夷狄，无所入而弗自得也矣。"（《全书》卷八）又曰："《孟子》云：'是非之心，知也。'是非之心，人皆有之，即所谓'良知'也。孰无是良知乎？但不能知之耳。"（《全书》卷五）又曰："自己良知，原与圣人一般。"（《全书》卷二）此以见良知为人类所遍有矣。

阳明又用"天理"二字，以明良知为人类所固有。曰："天理在人心，亘古亘今，无有终始。天理即是良知。"（《全书》卷三）又曰："天理之在人心，终有所不可泯。而良知之明，万古一日。"（《全书》卷二）夫良知、良能，既人类所同，而何以有圣、愚之分？则在致与不致耳。故曰："良知、良能，愚夫、愚妇与圣人同。但惟圣人能致其良知，而愚夫、愚妇不能致。此圣、愚之所由分也。"（《全书》卷二）至谓"良知之明，万古一日"者，阳明既以良知人人同具，则个人之良知即社会之良知，尽于未来之社会，无不人人有此良知，故云“万古一日”也。

阳明又谓良知为心之虚灵明觉之本体。曰：“心之虚灵明觉，即所谓本然之良知也。”（《全书》卷二）又以良知为中庸未发之中，引程明道《识仁篇》之“廓然大公”及“易寂然不动”之语为证曰：“良知即是未发之中，即是廓然大公、寂然不动之本体，人人之所同具者也。”（《全书》卷二）又谓良知本体，不能毫末加损；心之体用，不能超乎良知体用之外。故曰：“但不能不昏蔽于物欲，故须学以去其昏蔽。然于良知之本体，初不能有加损于毫末也。知无不良，而中寂大公未能全者，是昏蔽之未尽去，而存之未纯耳。‘体’即良知之体，‘用’即良知之用。宁复有超然于体用之外者乎？”（《全书》卷二）又曰：“未发之中，即良知也。无前后内外而浑然一体者也。”（《全书》卷二）又以良知为道之本原，故断然谓良知即道，以示其普遍曰：“夫良知即是道。良知之在人心，不但圣贤，虽常人亦无不如此。”（《全书》卷二）有问：“良知原是中和的，如何却有过不及？”阳明曰：“知得过不及处，就是中和。”（《全书》卷三）又以心禀受天理，是名“良知”，故谓“良知即天理”，曰：“吾心之良知，即所谓‘天理’也。”（《全书》卷二）又以《古文尚书·大禹谟》所谓道心为良知，曰：“道心者，良知之谓也。”（《全书》卷二）又由心之虚灵明觉，以推天理之昭明灵觉，曰：“良知是天理之昭明灵觉处。故良知即是天理，思是良知之发用。”（《全书》卷二）综而论之，曰心，曰未发之中，曰廓然大公，寂然不动之本体，曰道，曰天理，曰道心，无一非良知之异名而已。

又示门人以良知存于先天曰：“良知者心之本体，即前所谓恒照者也。心之本体，无起、无不起。虽妄念之发，而良知未尝不在。但人不知存，则有时而或放耳。”（《全书》卷二）又以良知与植物比较，以为其天赋固有之征，曰：“良知即是天植灵根，自生生不息。但着了私累，把此根戕贼蔽塞，不得发生耳。”（《全书》卷三）又因门人问《中庸》天命性道教，而告以良知原来完完全全，曰：“道即是良知。良知原是完完全全，是的还他是，非的还他非。是非只依着他，更无有不是处。”（《全书》卷三）此皆良知本来具于先天之证也。

阳明又以良知本来明白，但去障蔽，良知自存。其言曰：“良知本是明白，实落用功便是。不肯用功，只在言语上转说转糊涂”。（《全书》卷三）然良知虽本明白，而气质有清浊，遂生贤愚之差。故曰：“良知本来自明。气质不美者，渣滓多，障蔽厚，不易开明；质美者，渣滓原少，无多障蔽。”（《全书》卷二）

程伊川尝说：“有德性之知，有见闻之知。‘德性之知’，由于天赋，不待经验而得。”阳明亦谓：“德性之良知，非由于闻见。”（《全书》卷二）又分别良知与见闻之关系，以示良知之为固有曰：“良知不由见闻而有，而见闻莫非良知之用。故良知不滞于见闻，而亦不离于见闻。”（《全书》卷二）

又本《中庸》“溥博渊泉，而时出之；溥博如天，渊泉如渊”之语，以示良知不为私欲障蔽，则如天如渊。曰：“人心是天渊。心之本体，无所不该。原是一个天，只为私欲障碍，则天之本体失了。”（《全书》卷三）当时门人于中，以云与日譬良知之障蔽曰：“只是物欲遮蔽，良心在内，自不会失。如云自蔽日，日何尝失了？”（《全书》卷三）此喻深契阳明之旨。阳明又曰：“良知在人，随你如何，不能泯灭！虽盗贼亦自知不当为盗，唤他作贼，他还忸怩。”（《全书》卷三）盖惟良知存于先天，即时或有所障蔽，而本体决不泯灭。如系后天所生，安然全然不泯者。故阳明之言良知，毫不涉于后天也。

阳明又以良知虽一，而为百行之标准。以之事亲则孝，交友则信。随境所遇，无不得宜。故曰：“良知只是一个天理自然明觉发现处，只是一个真诚恻怛，便是他本体。”（《全书》卷二）又曰：“良知只是一个随他发现流行处，当下具足，更无去来，不须假借。然其发现流行处却自有轻重厚薄，毫发不容增减者，所谓天然自有之中也。”（《全书》卷二）盖随良知之自然而动，自无过不及之患也。

古之言学，有生知安行者，有学知利行者，其度量大相悬绝。然生知者亦不可缺致知之功，学知者即有时或至于困，固无不依于其良知而进。阳明尝曰：“圣人亦是学知，众人亦是生知。”问曰：“何如？”曰：“这良知人人皆有。圣人只是保全无些障蔽，兢兢业业，亹亹翼翼，自然不息，便也是学。只是生的分数多，所以谓之‘生知安行’。众人自孩提之童，莫不完具此知，只是障蔽多。然本体之知自难泯息。虽问学克治，也只凭他。只是学的分数多，所以谓之‘学知利行’。”（《全书》卷三）又问：“圣人生知安行是自然的，如何有甚功夫？”阳明曰：“‘知行’二字即是功夫，但有浅深、难易之殊耳。良知原是精精明明的，如欲孝亲，生知安行的只是依此良知，实落尽孝而已；学知利行者，只是时时省觉，务要依此良知尽孝而已。至于困知勉行者，蔽锢已深，虽要依此良知生孝，又为私欲所阻，是以不能。必须加人一己百、人十己千之功，方能依此良知以尽其孝。圣人虽是生知安行，然其心不敢自是，肯做困知勉行的功夫。困知勉行的却要思量做生知安行的事，怎生成得？”（《全书》卷三）

良知虽人人同有，而其作用决不同，即考之群圣人亦然。此非由良知障蔽之有厚薄，抑所处之时势异宜也。吾人致知之要，惟在复其良知之所同然者而已。门人问：“良知一而已。文王作彖，周公系爻，孔子赞易，何以各自看理不同？”阳明曰：“圣人何能拘得死格？大要出于良知同，便各为说何害？且如一园竹，只要同此枝节，便是大同。若拘定枝枝节节都要高下大小一样，便非造化妙手矣。汝辈只要去培养良知，良知同，更不妨有异处。汝辈若不肯用功，连笋也不曾抽得，何处去论枝节？”（《全书》卷三）

阳明尝咏良知示诸生曰：

个个人心有仲尼，自将闻见苦遮迷。
而今指与真头面，只是良知更莫疑。

问君何事日憧憧？烦恼场中错用功。
莫道圣门无口诀，良知两字是参同。

人人自有定盘针，万化根源总在心。

却笑从前颠倒见，枝枝叶叶外头寻。

无声无臭独知时，此是乾坤万有基。
抛却自家无尽藏，沿门持钵效贫儿。

又中秋观月，有《良知诗》曰：

去年中秋阴复晴，今年中秋阴复阴。
百年好景不多遇，况乃白发相侵寻。
吾心自有光明月，千古团圆永无缺。
山河大地拥清辉，赏心何必中秋节！

泰西经验派之伦理学者，每不以“良知固有”之说为然。谓：“良知全系后天所生。如人婴儿之时，良心未具。及渐次长大，谈事物之经验，而良心（即良知）于是乎见焉。野蛮人与文明人之比较，亦复如是。”然兹说亦有不可立者。天下无无因而生之物，春艺其根，而后秋获其实，自然之理也。婴儿之良知虽长大始可见，然其根必植于先天。猿猱虽被以冠裳，而终不能教化使知礼义者，本性所无也。故“良知固有”之说，未可非也。晚近进化论者，信人类与生物一系，以“人类既进至高等动物，则不当复存遗传之良心”。此其说自与儒家不同。儒家严人、禽之别，以为“人者，人也，与天壤而无穷”，不谓“由劣等动物进化”。则所谓良心者，自其人类固有之良心耳，不涉于他生物。惟佛教以一切众生，皆有佛性，略近良知固有之说云。（泰西学者每称“良心”，即良知之义，故间错举之。）

良知标准论

阳明以良知为百行之标准，盖良知能判断善恶。人之所以能为善去恶者，皆恃良知之力。如人无良知，亦不复能识别是非善恶矣。故凡道德之判断，无论直接、间接，皆自良知而出。故阳明良知标准论，极其详密可味也。

阳明“四句教”第三句曰：“知善知恶是良知。”盖惟良知能分别善恶，吾人判断是非，不出良知之力。故良知不啻教导吾人之明师，随其指导，则不至陷于不善。阳明申之曰：“良知原是完完全全，是的还他是，非的还他非。是非只依着他，更无有不是处。这良知还是你的明师。”（《全书》卷三）

良知为百行之规范。熟于致良知之功夫，则遇万端之节目时变，诚伪可以立判而无所惑。而不然者，未有不纷纭谬戾，劳而无功者也。故阳明曰：“夫良知之于节目时变，犹规矩尺度之于方圆长短也；节目时变之不可预定，犹方圆长短之不可胜穷也。故规矩诚立，则不可欺以方圆，而天下之方圆不可胜用矣；尺度诚陈，则不可欺以长短，而天下之长短不可胜用矣；良知诚致，则不可欺以节目时变，而天下之节目时变不可胜应矣。毫厘千里之谬，不于吾心良知一念之微而察之，亦将何所用其学乎？是不以规矩而欲定天下之方圆，不以尺度而欲尽天下之长短，吾见其乖张谬戾，日劳而无成也已。”（《全书》卷二）又曰：“若不就自己良知上真切体认，如以无星之称而权轻重，未开之镜而照妍媸。”（《全书》卷二）盖良知之于是非善恶，如权衡之于物，明镜之于形矣。

吾人妄念之生，由于良知作用之昏蔽。良知复其明，则妄念自消。良知犹去恶成善之灵药也。故曰：“人若知这良知诀窍，随他多少邪思枉念，这里一觉，都自消融。真个是灵丹一粒，点铁成金。”（《全书》卷三）又以试金石、指南针喻良知曰：“这些子看得透彻，随他千言万语，是非诚伪，到前便明。合得的便是，合不得的便非。如佛家说心印相似，真是个试金石、指南针。”（《全书》卷三）盖致良知功夫透彻，则无越于他人言行之是非矣。又曰：“良知只是个是非之心，是非只是个好恶。只好恶就尽了是非，只是非就尽了万事万变。”又曰：“‘是非’两字，是个大规矩。巧处则存乎其人。”（《全书》卷三）此以良知之是非，犹工匠之规矩。运用之妙，可以尽一切事变，亦视其技术如何耳。

人之处事，有得其宜者，有不得其宜者，由致良知功夫未精熟。果能精熟之，处事未有不当者也。然此政不易几。陈九川尝问曰：“近来功夫，虽若稍知头脑，然难寻个稳当快乐处。”阳明曰：“尔却去心上寻个天理，此正所谓‘理障’。此间有个诀窍。”曰：“请问如何？”曰：“只是致知。”曰：“如何致知？”曰：“尔那一点良知，是尔自家的准则。尔意念着处，他是便知是，非便知非，更瞒他一些不得。尔只不要欺他，实实落落依着他做去，善便存，恶便去。他这里何等稳当快乐！此便是格物的真诀，致知的实功。若不靠着这些真机，如何去格物？我亦近年体贴出来如此分明，初犹疑只依他恐有不足。精细看，无些小欠缺。”（《全书》卷三）

小善积而成大善，小恶积而成大恶。故吾人功夫，当时时积聚正义，使良知本体洞然，而后判断是非，乃不致误。阳明曰："若时时刻刻就自心上集义，则良知之体洞然明白，自然是是非非纤毫莫遁。"（《全书》卷二）又比良知之莹洁于明镜曰："良知常觉常照。常觉常照，则如明镜之悬，而物之来者自不能遁其妍媸矣。"（《全书》卷二）

良知虽人人所具，而其发为作用，则人人之度量不同。虽各依其良知判断，而一事之起，或甲以为是，乙以为非，二者必有一误。孰从而正之？此世之所以难直觉论者也。阳明则曰："事物之来，但尽吾心之良知以应之，所谓忠恕违道不远矣。凡处得有善有未善及有困顿失次之患者，皆是牵于毁誉得丧，不能实致其良知耳。若能实致其良知，然后见得平日所谓善者未必是善，所谓未善者却恐正是牵于毁誉得丧，自贼其良知者也。"（《全书》卷二）又论判断所以误之故，或问曰："据人心所知，多有误欲作理，认贼作子处，何处乃见良知？"阳明曰："尔以为何如？"曰："心所安处，才是良知。"曰："固是。但要省察，恐有非所安而安者。"（《全书》卷二）盖良知判断之所以误，皆由于认人欲为天理也。

吾人思虑分为二种：曰良知发用之思，曰私意安排之思是也。前者从于简易明白之天理，后者从于纷纭劳扰之利欲。惟良知能分别两者之是非正邪，亦在致之而已。故阳明曰："良知是天理之昭明灵觉处。故良知即是天理，思是良知之发用。若是良知发用之思，则所思莫非天理矣。良知发用之思，自然明白简易，良知亦自能知得；若是私意安排之思，自是纷纭劳扰，良知亦自会分别得。盖思之是非邪

正，良知无有不自知者。所以认贼作子，正为致知之学不明，不知在良知上体认之耳。”（《全书》卷二）

阳明又曰：“人或意见不同者，还是良知尚有纤翳潜伏。若除去此纤翳，即自无不洞然矣。”（《全书》卷二）譬如野蛮人判断善恶之意见，往往与文明人相反。非其良知之指南针不足，亦由野蛮人致良知之功夫未熟，有所蔽翳。故道德上文、野之异，全关乎良知作用之明暗强弱而已。

夫事变纷糅，是非邪正，至淆然不易理矣，惟致良知足以胜之。盖非是非邪正难于识别之足忧，而既经识别之后，不能断然舍邪取正之足忧也。故阳明曰：“欲正其心在诚意。工夫到诚意，始有着落处。然诚意之本又在于致知也，所谓人虽不知，而己所独知者，此正是吾心良知处。然知得善，却不依这个良知便做去；知得不善，却不依这个良知便不去做，则这个良知便遮蔽了，是不能致知也。吾心良知既不得扩充到底，则善虽知好，不能着实好了；恶虽知恶，不能着实恶了。如何得意诚？故致知者，意诚之本也。”（《全书》卷三）然则知善而不能行，便是未能致良知矣。

良知若不昏昧，则其体本来宁静，判断作用，不见纷扰，其辨善恶，如明镜之照妍媸矣。故曰：“良知只是一个良知。而善恶自辨，更有何善、何恶可思？良知之体本自宁静。”（《全书》卷二）或问：“良知原是中和的，如何却有过不及？”曰：“知得过不及处，便是中和。”（《全书》卷三）又曰：“今必曰‘穷天下之理，而不知反求诸其心’，则凡所谓善恶之机，真妄之辨者，舍吾心之良知，亦将何所致其体察乎？”（《全书》卷二）盖吾人所以辨知善恶真妄，惟恃良知。若外良知而求行为之标准，是缘木而求鱼也。

“一友自叹：‘私意萌时，分明自心知得，只是不能使他即去。’先生曰：‘你萌时，这一知处便是你的命根。当下即去消磨，便是立命工夫。’”（《全书》卷三）盖私念之萌，良知之力，未有不能胜之者，此古人之所难也。

阳明又曰：“君子之酬酢万变，当行则行，当止则止；当生则生，当死则死。斟酌调停，无非是致其良知以求自慊而已。”（《全书》卷二）大抵人之行为合于良知则自觉其乐，不合于良知则否。故君子行止死生，一受命于良知，所以常得其乐也。

阳明又以良知为宇宙之本体曰：“良知是造化的精灵。这些精灵生天、生地，成鬼、成帝，皆从此出，真是与物无对。人若复得他完完全全，无少亏欠，自不觉手舞足蹈，不知天地间更有何乐可代。”（《全书》卷三）又曰：“人的良知，就是草木瓦石的良知。若草木瓦石无人的良知，不可以为草木瓦石矣！岂惟草木瓦石为然？天地无人的良知，亦不可以为天地矣。”（《全书》卷三）又曰：“良知即是《易》，‘其为道也屡迁。变动不居，周流六虚；上下无常，刚柔相易。不可为典要，惟变所适。’此知如何捉摸得？见得透时，便是圣人。”（《全书》卷三）又惜阴说曰：“天道之运，无一息之或停。吾心良知之运，亦无一息之或停。良知即天道，谓之‘亦’则犹二之矣。”（《全书》卷七）阳明之意，以良知之存在，与宇宙为终始。即伦常之粲然不乱者，亦莫不依此天理而叙之。故“良知为宇宙之根本”原理，又为哲学伦理之根柢，为自然之大法，又同时为道德律。古今圣哲之伦理书莫非宇宙间良知之注脚也。

阳明《答人问良知》诗曰："良知即是独知时，此知之外更无知。谁人不有良知在？知得良知却是谁？知得良知却是谁，自家痛痒自家知。若将痛痒从人问，痛痒何须更问为！"（《全书》卷二十）又《别诸生》诗曰："绵绵圣学已千年，两字良知是口传。欲识浑沦无斧凿，须从规矩出方圆。不离日用常行内，直造先天未画前。握手临岐更可语？慇勤莫愧别离筵。"（《全书》卷二十）又《示诸生》曰："尔身各各自天真，不用求人更问人。但致良知成德业，谩从故纸费精神。乾坤是易原非画，心性何形得有尘？莫道先生学禅语，此言端的为君陈。"（《全书》卷二十）

总之人心所受天理，则名良知，亦曰良心，曰道心，曰本心，曰心之本体，曰理之静，曰道，曰未发之中，曰寂然不动，曰廓然大公，为吾人一切行为之标准。故又曰试金石，曰指南针，又为善恶、是非、邪正、诚伪判别之权衡。一切之善皆自良知出。唯致良知，乃能达于至善。舍良知而行，未有不迷罔妄作者也！古来圣贤，由此良知以成圣贤。其立教垂训，亦不过明此良知而已。即古今历史所载善恶、正邪之迹，何莫非良知判断之记录哉？行而不以良知为标准，犹不呼吸空气而求生活，末由也已。

致良知程度论

良知虽百行标准，然为邪欲障蔽，而不能致其知，则判断不能无误。于是良知之等，圣、愚有所不同，惟在时时去暗就明，以复其本体，即至愚之人，亦有几分善恶之知识。此为良知之仅存者，而可由是推之以至于善者也。故曰：“圣人之知，如青天之日；贤人，如浮云天日；愚人，如阴霾天日。虽有昏明不同，其能辨黑白则一。虽昏黑夜里，亦影影见得黑白，就是日之余光未尽处。因学功夫，亦只从这点明处精察去耳。”（《全书》卷三）

吾人先天所具良知之本体，原与圣人无异。故吾人良知直可名之曰圣，以本体相同也。而其作用，则有圣、愚、贤、不肖之差，惟圣人为具备良知耳。然则学为圣人，舍致良知以外何由乎？故曰：“心之良知是谓圣。圣人之学，唯是致此良知而已。自然而致之者，圣人也；勉然而致之者，贤人也；自蔽自昧而不肯致之者，愚、不肖者也。愚、不肖者，虽其蔽昧之极，良知又未尝不存也。苟能致之，即与圣人无异矣。此良知所以为圣、愚之同具，而人皆可以为尧、舜者以此也。是故致良知之外无学矣。”（《全书》卷八）

至于各人致良知工夫，有难易之差者，由邪欲锢蔽之有厚薄。然虽邪欲锢蔽之极，而良知之灵明犹不全泯。但使改其愚恶之心，则立复其光曜不难也。故曰：“良知原是精精明明的。如欲孝亲，生知安行的，只是依此良知落实尽孝而已；学知利行者，只是时时省觉，务要依此良知尽孝而已。至于困知勉行者，蔽锢已深，虽要依此良知去孝，又为私欲所阻，是以不能。必须加人一己百、人十己千之功，方能依此良知以尽其孝。”（《全书》卷三）又曰：“孩提之童，无不知爱其亲，无不知敬其兄。只是这个灵能不为私欲遮隔，充拓得尽，便完全是他本体，便与天地合德。自圣人以下，不能无蔽，故须格物以致其知。”（《全书》卷一）盖加以格物之功，则良知自明，是去蔽合德之道也。

良知虽固有之，然知愈致则愈明。故曰："天理在人心，亘古亘今，无有终始。天理即是良知，千思万虑，只是要致良知，良知愈思愈精明。若不精思，漫然随事应去，良知便粗了。"（《全书》卷三）盖良知既粗，以此判断事物，或至颠倒善恶也。

致良知之功夫，愈勉愈进，日异而月不同。崇一曰："先生致知之旨，发尽精蕴，看来这里再去不得。"阳明曰："何言之易也？再用功半年看如何，又用功一年看如何。功夫愈久，愈觉不同，此难口说。"（《全书》卷三）盖其间消息，全存于心悟，而非言语所可形容也。

致良知功夫，虽日进不已，亦当循序。故曰："我辈致知，只是各随分限所及。今日良知见在如此，只随今日所知扩充到底；明日良知亦有开悟，便从明日所知扩充到底。如此方是精一功夫。"（《全书》卷三）盖致知之境，须渐悟渐扩，不可间断，亦不可躐等也。

又曰："若良知之发，更无私意障碍，即所谓充其恻隐之心而仁不可胜用矣。然在常人不能无私意障碍，所以须用致知格物之功，胜私复理。即心之良知更无障碍，得以充塞流行，便是致其知。知致则意诚。"（《全书》卷一）此见常人当用力以去良知之障碍而复其本体也。

由良知本体而论，则圣人不为有余，而童子不为不足。故格物致知之功，人人可勉而至。凡一言一行，皆格物致知之机也。门人有言邵端峰论童子不能格物，只教以洒扫应对之说。阳明曰："洒扫、应对就是一件物。童子良知只到此便教去洒扫、应对，就是致他这一点良知了。又如童子知畏先生、长者，此亦是他良知处。故虽嬉戏中见了先生、长者，便去作揖恭敬，是他能格物以致敬师、长之良知了。童子自有童子的格物致知。"又曰："我这里言格物，自童子以至圣人，皆是此等工夫。但圣人格物，便更熟得些子，不须费力。如此格物，虽卖柴人亦是做得。虽公卿、大夫，以至天子，皆是如此做。”（《全书》卷三）

阳明“致良知”说，多就一事一物上言。则或疑于但致一节之良知，而非全体之良知。黄以方问：“先生格致之说，随时格物以致其知，则知是一节之知，非全体之知也。何以到得溥博如天，渊泉如渊地位？”阳明曰：“人心是天渊。心之本体，无所不该，原是一个天，只为私欲障碍，则天之本体失了；心之理无穷尽，原是一个渊，只为私欲窒塞，则渊之本体失了。如今念念致良知，将此障碍窒塞，一齐去尽，则本体已复，便是天渊了。”乃指天以示之曰：“比如面前见天是昭昭之天，四外天也是昭昭之天，只为许多房子墙壁遮蔽，便不见天之全体。若撤去房子墙壁，总是一个天矣。不可道眼前天是昭昭之天，外面又不是昭昭之天也。于此便见一节之知，即全体之知；全体之知，即一节之知。总是一个本体。”（《全书》卷三）

由以上所述者论之，则阳明以为：“虽圣人不无致知功夫。虽至愚之人，而良知之本体不失，故使至愚者，能致知以向善，亦可进于贤。不过其功夫较烦难，须自勉强耳。惟圣人之致知，用力极少，谓之生知安行。然自道德之方面观之，则人类之等差，无不视其致良知之程度何如也！”

致良知功夫论

阳明说：“致良知之功夫极详密。今约言之，则有动、静二种：

静之功夫，不外读书慎独静坐等；动之功夫，则在事实磨炼，辅以社会之经验。动、静二者，皆致良知之要也。”

致良知功夫包括：

（一）静之功夫——静坐澄心（读书慎独）

（二）动之功夫——事实磨炼（实地经验）

动、静二者之功夫，虽当兼行并进，然亦有辨。当闲暇无事，宜加意于静之功夫，以免精神外驰。至于应接事物，非有动之功夫，无以征其素养。故二者相须而不可离。其名则“致良知”，其事则“去人欲存天理”。今次而论之：

阳明龙场大悟以后，三十九岁时，赴庐陵县知县任，途次喜见门人俱能有所卓立。尝曰：“谪居两年，无可与语者。归途乃幸得诸友。悔昔在贵阳举知行合一之教，纷纷异同，罔知所入。兹来乃与诸生静坐僧寺，使自悟性体，顾恍恍若有可即者。”既又途中寄书曰：“前在寺中，所云静坐事，非欲坐禅入定也。盖因吾辈平日为事物纷拏，未知为己，欲以此补小学收放心一般功夫耳。”（《年谱》卷一）观此则阳明所以用静之功夫之意，即所谓静坐者，盖将以收放心，而非学禅定也。

阳明居滁以后，以静坐教人。则又以矫学者之病，旋复悟其流弊。一友静坐有见，驰问。阳明答曰：“吾昔居滁时，见诸生多务知解。口耳异同，无益于得。姑教之静坐，一时窥见光景，颇收近效。久之渐有喜静厌动，流入枯槁之病。或务为玄解妙觉，动人听闻。故迩来只说致良知。良知明白，随你去静处体悟也好，随你去事上磨炼也好。良知本体原是无动无静的，此便是学问头脑。”（《全书》卷三）又《年谱》曰：“客有道自滁游学之士，多放言高论，亦有渐背师教者。”阳明曰：“吾年来欲惩末俗之卑污，引接学者，多就高明一路，以救时弊。今见学者渐有流入空虚，为脱落新奇之论，吾已悔之矣。故南畿论学，只教学者‘存天理、去人欲’，为省察克治实功。”然则阳明教人静坐，不过就一时之方便，引之于高明，及见其弊，则更使之向去人欲存天理之实功。所谓省察克治，通于动静，亦即重在事上磨炼者也。

阳明有时以静之功夫，易流于放溺，不如事上磨炼，故曰：“人须在事上磨炼做功夫。若只好静，遇事便乱，终无长进。那静时功夫亦差似收敛，而实放溺也。”（《全书》卷三）

阳明初时教人静坐，本与禅学有别。孟源问：“静坐中思虑纷杂，不能强禁绝。”阳明曰：“纷杂思虑，亦强禁绝不得，只就思虑萌动处省察克治。到天理精明后，有个物各付物的意思，自然精专，无纷杂之念。《大学》所谓‘知止而后有定’也。”（《年谱》）盖静坐必禁绝思虑，如枯木槁灰，便是禅学矣。

如上所述，阳明以动、静二种功夫，教导后进。而阳明平生进德修业之要，亦自不出乎此。盖中年以前，求禅谒道，习静于阳明洞。以至龙场大悟，一洗荣辱富贵之念，皆是静之功夫。至于中年以后，征讨乱贼，事功卓然，则又多从事于动之功夫也。

若以动静二者相较，则静之功夫尤易行。阳明以读书亦静之功夫之一。问：“读书所以调摄此心，不可缺的。但读之之时，一种科目意思牵引而来，不知何以免此？”阳明曰：“只要良知真切，虽做举业，不为心累，纵有累亦易觉克之而已。且如读书时，良知知得强记之心不是？即克去之。有欲速之心不是？即克去之。有夸多斗靡之心不是？即克去之。如此亦只是终日与圣贤印对，是个纯乎天理之心。任他读书，亦只是调摄此心而已。何累之有？”（《全书》卷三）所谓“读书调摄此心”及“与圣贤印对”，即是古人欲存天理之功夫也。

阳明又以时习之要为谨独。其《与黄勉之书》曰：“时习之要，只是谨独。谨独即是致良知。”（《全书》卷五）又曰：“能戒慎恐惧者，是良知也。”（《全书》卷二）盖儒家修身，最重慎独。《大学》《中庸》皆申此旨。能于不睹不闻之地，而戒慎恐惧，即能致良知矣。

静之功夫纯熟之后，则接于事物，不须防检，而真性自全。故曰：“不睹不闻，是良知本体；戒慎恐惧，是致良知功夫。学者时时刻刻，常睹其所不睹，常闻其所不闻，功夫方有个实落处。久久成熟后，则不须着力，不待防检，而真性自不息矣。岂以在外者之闻见为累哉？”（《全书》卷三）此言静之功夫，与动之功夫相为表里也。

然静之功夫，虽为修养所不可缺，终属于消极方面，不如动之功夫之有实效。故阳明平日教人静坐，多出于矫其卑污驳杂之弊。若无动之功夫，则不能精到周密。故学者尤要加意于日用闻见之间，乃是致良知之达道耳。故曰：“大抵学问功夫，只要主意头脑是当。若主意头脑专以致良知为事，则凡多闻、多见，莫非致良知之功。盖日用之间，见闻酬酢，虽千头万绪，莫非良知之发用流行，除却见闻酬

酢，亦无良知可致矣。”（《全书》卷二）

动之功夫，虽有实效，而行之极难。盖事物之足相诱惑者，杂出于前。此际功夫，尤要着力也。譬如声色货利，世人之所共欲，亦不可谓其在良知之外。惟良知精明，始不为所蔽耳。学者问曰：“声色货利，恐良知亦不能无。”阳明曰：“固然。但初学用功，却须扫除荡涤，勿使留积。则适然来遇，始不为累，自然顺而应之。良知只在声色货利上用工。能致得良知精精明明，毫发无蔽，则声色货利之交，无非天则流行矣。”（《全书》卷三）

然则阳明动之功夫，在致知格物，使吾良知精明，是根本为学之法也。故又曰：“吾教人致良知，在格物上用功，却是有根本的学问。日长进一日，愈久愈觉精明。”（《全书》卷三）

以上于阳明所言动、静二者之功夫，既略述之矣。然功夫之至，则动、静一贯，良知精明之体常存。尝曰：“良知在夜气发的，方是本体，以其无物欲之杂也。学者要使事物纷扰之时，常如夜气一般，就是通乎昼夜之道而知。”（《全书》卷三）又九川问：“近年因厌泛滥之学，每要静坐求屏息念虑，非惟不能，愈觉扰扰如何？”先生曰：“念如何可息？只是要正。”（《全书》卷三）盖阳明所谓静，非主于枯寂，惟在思虑中见其正耳，是动静一贯之功夫也。

静之功夫，邻于独善。初学为之，虽暂得宁静，及遇事物纷扰，或不能堪。故功夫非通于动静，不足多也。有问：“静时亦觉意思好，才遇事便不同。如何？”阳明曰：“是徒知善静，而不用克己功夫也。人须在事上磨，方立得住，方能静亦定、动亦定。”（《全书》卷一）然则致良知之功，必要有兼融动、静之妙矣。

盖动之功夫，视静为尤亟。吾人一举一动，以至应、接、闻、见之际，无非致良知之机会。虽声色货利可以陷溺人，而良知之精明即在此可见。不遇错节盘根，无以别利器。学者欲致良知，能不于动之功夫加勉乎？

良知与行为之关系

阳明尝谓："心之体即良知之体，心之用即良知之用。"故良知与行为之关系，亦当自心之作用上析之。《中庸》尝以知、仁、勇为天下之达德，是三者，心之作用所生者也。

心之三作用包括：

（一）知——知

（二）情——仁

（三）意——勇

此三者又为儒教之"三达德"。

近世良心固有论者，或以良心为知之作用，或以为情之作用，或以为意之作用，其说各蔽于一端。今阳明以良知之体用即心之体用，不能超然体用之外，则心之三作用固同时即良知之三作用也。请以阳明之说证之：

一曰意。阳明曰："心之虚灵明觉，即所谓本然之良知也。其虚灵明觉之良知应感而动者，谓之'意'。"（《全书》卷二）是良知之应感而动者，即意之分子也。又曰："能戒慎恐惧者，是良知也。"（《全书》卷二）良知能戒慎恐惧，有使人不为恶之作用。盖于已行之后，而戒其将来，有命令之意，然亦可以戒之于行为未著之前。如曰："人若知这良知诀窍，随他多少邪思枉念，这里一觉，都自消融。"（《全书》卷三）良知之精明，能遏止邪思枉念，即行为之前意之分子之命令作用矣。

二曰情。阳明谓："良知只是一个天理自然明觉发现处，只是一个真诚恻怛，便是他本体。"（《全书》卷二）"真诚恻怛"即行为前情之分子之发现者。又曰："人于寻常好恶，或亦有不真切处。惟是好好色、恶恶臭，则皆是发于真心，自求快足，无纤假者。"（《全书》卷五）此良知能示好恶，是行为前后情之分子之作用，即美恶及快与不快之感也。又曰："虽小人之为不善，既已无所不至，然其见君子，则必厌然掩其不善而著其善。"（《全书》卷二十六）小人见君子而有悔恨惭愧之情，此即行为后情之分子之感动也。又曰："所恶于上是良知，毋以使下，即是致知。"（《全书》卷三）此即情之分子之感触，亦所以对于上下之人者也。又曰："见孺子之入井，必有恻隐之理。"（《全书》卷三）此良知所发怜悯之情，即行为前情之分子之感触也。又曰："若良知之发更无私意障碍，即所谓充其恻隐之心，而仁不可胜用矣。"（《全书》卷一）此亦示行为前情之分子感触之作用也。

三曰知。阳明曰："良知常觉常照。"（《全书》卷二）又曰："知善知恶是良知。"（《全书》卷三）又曰："若时时刻刻就自心上集义，则良知之体洞然明白。自然是是非非纤毫莫遁。"（《全书》卷二）此皆良知中知之分子行为前之作用。盖良知精白，则于判断是非无误。然此作用又能于行为之后，为之评其得失。故曰："凡所谓善恶之机，真妄之辨者，舍吾心之良知，亦将何所致其体察乎？"（《全书》卷二）又曰："孟子曰：'是非之心知也。''是非之心'，人皆有之，即所谓良知也。"（《全书》卷五）又曰："这些子看得透彻。（'子'指良知）随他千言万语，是非诚伪，到前便明。合得的便是，合不得的便非。"（《全书》卷三）以上并论行为后知之作用矣。又综论之曰："尝试于喜怒忧惧之感发也。虽动气之极，而吾心良知一觉，即罔然消阻。或遏于初，或制于中，或悔于后。"（《全书》卷二）

今据阳明之说，下良知之定义曰："良知之体，即心之昭明灵觉是也。良知之用，即昭明灵觉之心，即知情意之三作用，对于行为而发现者也。"

良知各分子与行为之关系如下：

- 良知
  - 行为前
    - 知之分子——关于判断
    - 情之分子——关于感触（美、恶）
    - 意之分子——关于命令
  - 行为后
    - 知之分子——关于详论
    - 情之分子——关于感动（愉快、悔恨、惭愧）
    - 意之分子——关于命令（将来之劝戒）[①]

① 本讲选自上海中华书局1915年出版的《谢无量文集》。

/第四讲/

梁启超·王阳明知行合一之教

“知行合一”说之内容

把知行分为两件事，而且认为知在先行在后，这是一般人易陷的错误。阳明的“知行合一”说，即专为矫正这种错误而发。但他立论的出发点，今因解释《大学》和朱子有异同，所以欲知他学说的脉络，不能不先把《大学》原文做个引子。

《大学》说：“欲修其身者先正其心，欲正其心者先诚其意，欲诚其意者先致其知，致知在格物。”这句话教人以修养身心的方法，在我们学术史上含有重大意味。自朱子特别表彰这篇书并将其编作四书之首后，其价值越发增重了。据朱子说，这是“古人为学次第”（《大学章句》），要一层一层地做上去，走了第一步才到第二步，内中诚意正心修身是力行的工夫，格物致知是求知的工夫。朱子对于求知工夫看得尤重。他认为，《大学》本文对于“诚意”以下都解释，对于“致知”“格物”没有解释，是有脱文，于是作了一篇《格物致知补传》，说道：“所谓‘致知在格物’者，言欲致吾之知，在即物而穷其理也。盖人心之灵，莫不有知，而天下之物，莫不有理。惟于理有未穷，故其知有不尽也。是以《大学》始教，必使学者即凡天下之物，莫不因其已知之理而益穷之，以求至乎其极。至于用力之久，而一旦豁然贯通焉，则众物之表里精粗无不到，而吾心之全体大用无不明矣。”依朱子这种功法，至少犯了以下两种毛病：一是泛滥无归宿，二是空伪无实着。天下事物如此其多，无论何事何物，若想用科学方法“因其已知之理而益穷之以求至乎其极”，单一件已够消磨你一生的精力了。朱子却用了“即凡天下之物”这种全称名词。试问，何年何月才能“即凡”都“穷”过呢？要先做完这段工夫才能讲到诚意正心，那么诚、正、修、齐、治、平的工作，只好待诸转轮再世了。所以结果是泛滥无归宿。况且，朱子所谓“穷理”，并非如近代科学家所谓客观的物理，乃是一种抽象的“徜无朕”的东西，所以他说存在“一旦豁然贯通则表里精粗无不到”那样的神秘境界。其实，那种境界纯是可望不可即的，或者还是自己骗自己。倘若真有这种境界，那么“豁然贯通”之后，学问已做到尽头，还用着什么诚意正心等努力？所谓“为学次第”者何在？若是自己骗自己，那么用了一世格物穷理的工夫，只落得一个空。而且，不用功的人哪个不可以伪托？所以结果是虚伪无实着。

阳明那个时代，“假的朱学”正在形成，一般“小人儒”都挟着一部《性理大全》作为举业的秘本，言行相违，风气太坏。其间的一二有志之士，想依着朱子所示的法门切实去做，却是前举两种毛病，或犯其一，或兼犯其二，到底不能有个得力受用处。阳明早年固尝为此说所误，阅历许多甘苦，不能有得。①后来在龙场驿的三年，劳苦患难，九死一生，切实体验，才发明了这知行合一之教。

“知行合一”这四个字，阳明终身说之不厌。一部《王文成公全书》，其实不过这四个字的注脚。今为便于学者记忆持习，把他的许多话头分成三组，每组拈出几句简要的话做代表。

第一组，“未有知而不行者，知而不行只要（是）未知。”（《传习录·徐爱记》）

第二组，“知是行的主意，行是知的工夫。知是行之始，行是知之成。”（《传习录·徐爱记》）

第三组，“知行原是两个字说一个工夫，知之真切笃实处便是行，行之明觉精察处便是知。”（《文集·答友人问》）

第一组的话，是将知行的本质做出合理的解剖说明。阳明以为凡人有某种感觉，同时便起某种反应作用。反应便是一种行为，感觉与反应同时而生，不能分出个先后。他说：

> 《大学》指出个真知行与人看，说“如好好色，如恶恶臭”。见好色属知，好好色属行，只见那好色时，已自好

---

① 《传习录·黄以方记》中，阳明说：“初年与友论做圣贤要格天下之物，因指亭前竹子令格去看，友格了三日，便劳神致疾。某说他精力不足，因自生穷格，到七日亦以劳思成疾。遂相与叹圣贤是做不得的，无他大力量去格物了。”观此知，阳明曾犯过泛滥无归宿的病。

又《文集·答季明德书》云：“若仁之不肖，亦常陷溺于其间者几年，怅怅然自以为是矣。赖天下之灵偶有悟于良知之学，然后悔其向之所为者，固包藏祸机，作伪于外而心劳日拙者也。”观此知，阳明曾犯过虚伪无着落的病。

了，不是见了后，又立个心去好；闻恶臭属知，恶恶臭属行，只闻那恶臭时，已自恶了，不是闻了后，又立个心去恶。如鼻塞人虽见恶臭在前，鼻中不曾闻得，便亦不甚恶，亦只是不曾知臭。①（《传习录·徐爱记》）

这段譬喻，说明知行不能分开，可谓深切著明极了。然犹不止此，阳明以为感觉（知）的本身已是一种事实，而这种事实早已含有行为的意义在里头。他说：

又如知痛，必已自痛了方知痛；知寒，必已自寒了；知饥，必已自饥了。知行如何分得开？此便是知行的本体——不曾有私意隔断的。②圣人教人，必要是如此，方可谓之知，不然只是不曾知。（《传习录·徐爱记》）

常人把知看得太轻松了，所以有“非知之艰，行之惟艰”（伪《古文尚书》）一类话。徐爱问阳明：“今人尽有知得父当孝、兄当悌者，却不能孝、不能悌，便是知与行分明是两件事。”阳明答道：

---

① 《大学》“如恶恶臭，如好好色”那两句话是解释“诚意”的，阳明却说他“指出个真知行”。盖阳明认致知为诚意的工夫，诚意章所讲即是致知的事，故无须再作《格物致知补传》也。此是阳明学术脉络关键所在，勿轻轻看过。

② 此文虽说“知行本体”，其实阳明所谓本体专就“知”而言，即所谓良知是也。但他既已把知行认为一事，知的本体也即是行的本体，所以此语亦无病。又阳明是主张性善说的，然则恶从哪里来呢？他归咎于私意隔断，此是阳明学重大关目。

"如称某人知孝、某人知弟，必是其人已曾行孝、行弟，方可称他知孝弟，不成只是晓得说些孝弟的话，便可称为知孝弟。"（伪《古文尚书》）譬如，现在青年们个个都自以为知道要爱国，却往往是所行、所为与爱国相反。常人以为他们是知而不行，阳明以为他们简直不知罢了。若是真知道爱国的滋味和爱他们的恋人一样（如好好色），绝对不会有表里不一的。所以得着"知而不行，只是不知"的结论。阳明说："知行之体本来如是，非以己意抑扬其间，姑为是说，以苟一时之效者也。"（《答顾东桥书》）

第二组的话，是从心理历程上看出知行是相倚相待的。正如车之两轮，鸟之双翼，缺了一边，另一边也便不能发生作用了。凡人做一件事，必须先打算去做，然后会着手去做。去打算便是知，便是行的第一步骤。换一面看，行是行个什么？不过是把所有的打算实现出来，非到做完了这件事，最初的打算便不算作完成。然则行也是贯彻所知的一种步骤。阳明观察这种心理历程，把它分析出来，说道："知是行的主意，行是知的工夫。知是行之始，行是知之成。"当时有人问他道："如知食乃食，知路乃行，未有不见是物而先有是事者？"阳明答道：

> 夫人必有欲食之心然后知食，欲食之心即是意，即是行之始矣。食味之美恶，必待入口而后知，岂有不待入口而已先知食味之美恶者耶？必有欲行之心然后知路，欲行之心即是意，即是行之始矣。路途之险夷，必待身亲履历而后知，岂有不待身亲履历而已先知路途之险夷者耶？（《答顾东桥书》）

现在先解释“知是行的主意”“知是行之始”那两句。为什么阳明和人辩论“知”字时却提出“意”字来呢？阳明以为，我们的一切知觉，必须以我们的意念涉着对境的事物，终能发生。[①]知觉离却意念而独立存在，可谓绝对不可能的事。然则说我们知道某件事，一定要以我们的意念涉着这件事为前提。意念涉着是知的必要条件，然则意即是知的必需成分。意涉着事物方会知，而意生涉着那事物便是行为的发轫。这样说来，“知是行之始”无疑了。由北京去南京的人，必须知有南京，原是不错的。为什么知有南京，必是意念已经涉着南京？“涉着”与“知”，为一刹那间不可分离的心理现象。说它是知，可以；说它是行的第一步，也可以。因为意念之涉着不能不认为其是行为之一种。

再解释“行是知的工夫”“行是知之成”那两句。这两句较上两句尤为重要。阳明之所以苦口说个“知行合一”，其着眼实在此点。我们的知识从哪里得来呢？有人说，从书本上可以得来；有人说，从听讲演或谈论可以得来；有人说，用心冥想可以得来。其实都不对。真知识非实地经验之后是无从得着的。你想知道西湖风景如何，读尽几十种《西湖游览志》便能知道吗？不。听人讲游西湖的故事便能知道吗？不。闭目冥想西湖便能知道吗？不，不。你要想真的知道，除非亲自游历一回。常人以为，我做先知后行的工夫，虽未实行，到底不失为一个知者。阳明以为这是绝对不可能的事。他说：

---

① 见下一节论心物合一。

> 今人却将知行分作两件去做，以为必先知了然后能行。我如今且去讲习讨论做知的工夫，待知得真了，方去做行的工夫。故遂终身不行，亦遂终身不知。此不是小病痛。（《传习录·徐爱记》）

这段话，不知现在学校里贩卖智识的先生们和购买智识的学生们听了如何。你们岂不以为“我的学问虽不曾应用，然而已经得着智识，总算不白费光阴”吗？依阳明看来，你们卖的、买的都是假货，因为不曾应用的智识绝对算不了智识。方才在第一组所引的话：“未有知而不行者，知而不行只是未知。”今我不妨阳明之意，套前调补充几句：“未有不行而知者，不行而求知，终究不会知。”这样说来，我们纵使以求知为目的，也不能不以力行为手段，很明白了。所以说“行是知的工夫”，又说“行是知之成”。

《中庸》说：“博学之，审问之，慎思之，明辨之，笃行之。”后人以为，学问思辨属知的方面，末句才属行的方面。阳明以为错了。他说：

> 夫问思辨行，皆所以为学，未有学而不行者也。如学孝则必服劳奉养躬行孝道而后谓之学。岂徒悬空口耳讲说而遂可以谓之学孝乎？学射则必张弓挟矢引满中的，学书则必伸纸执笔操觚染翰。尽天下之学，无有不行而可以言学者。则学之始固已即是行矣……学之不能，无疑则有问，问即学也，即行也。又不能无疑，则有思有辨，思辨即学也，即行

也。……非谓学问思辨之后而始措之于行也。是故以求能其事而言谓之学，以求辨其义而言谓之问，以求通其理而言谓之思，以求精其察而言谓之辨，以求履其实而言谓之行。盖析其功而言则有五，合其事而言则一而已。（《答顾东桥书》）

又说：

凡谓之行者，只是着实去做这件事。若着实做学问思辨的工夫，则学问思辨亦便是行矣。学是学做这件事，问是问做这件事，思辨是思辨做这件事。则行亦便是学问思辨矣。若谓学问思辨了然后去行，却如何悬空去学问思辨？行时又如何去得个学问思辨的事？（《文集·答友人问》）

据这两段话，拿行来赅括学问思辨也可以，拿学来赅括思辨行也可以。总而言之，把学和行打成一片，横说竖说都通。若说学自学，行自行，那么，学也不知是学个什么，行也不知是行个什么了。

有人还疑惑，将行未行之前，总须要费一番求知的预备工夫，才不会行错。问阳明道："譬之行道者，以大都为所归宿之地。行道者不辞险阻艰难，决意向前。如使此人不知大都所在而泛焉欲往可乎？"阳明答道：

夫不辞险阻艰难而决意向前，此正是"诚意"。审如是，则其所以问道途、具资斧、戒舟车，皆有不容已者。不然，又安在其为决意向前，而亦安所前乎？夫不知大都所在而泛然欲往，则亦欲往而已，未尝真往也。惟其欲往而未尝真往，是以道途之不问，资斧之不具，舟车之不戒。若决意向前，则真往矣。真往者能如是乎！此是工夫切要处，试反求之。（《答王天宇书（二）》）

又有人问："天理人欲，知之未尽，如何用得克己工夫？"阳明答道：

若不用克己工夫，天理私欲，终不自见。如走路一般，走得一段，方认得一段，走到歧路处，有疑便问。问了又走，方才能到。今于已知之天理不肯存，已知之人欲不肯去，只管愁不能尽知，闲讲何益？（《传习录·陆澄记》）

这些话都是对于那些借口智识未允便不去实行的人痛下针砭，内中含有两种意思。其一，只要你决心实行，则智识虽缺少些也不足为病，因为实行起来，便逼着你不能不设法求智识，智识也便跟着来了。这便是"知是行之始"的注脚。其二，除了实行外，再没有第二条路得着智识。因为智识不是凭空可得的，只有实地经验。行过一步，得着一点，再行一步，又得一点，一步不行，便一点不得。这便是"行是知之成"的注脚。

统观前两组所说的这些话，"知行合一"说在理论上如何能成立，已大略可见了。照此说来，知行本体既只是一件，为什么会分出两个名词？古人教人为学，为什么又常常知行对举呢？关于这一点的答辩，我们编在第三组。阳明说：

知行原是两个字说一个工夫，这一个工夫，须着此两个字，方说得完全无弊。（《文集·答友人问》）

又说：

知之真切笃实处即是行，行之明觉精察处即是知。知行工夫本不可离，只为后世学者分作两截用工，失却知行本体。故有“合一并行”之说，真知即所以为行，不行不足谓之知。（《答顾东桥书》）

又说：

行之明觉精察处便是知，知之真切笃实处便是行。若行而不能精察明觉，便是冥行，便是学而不思则罔，所以必须说个知；知而不能真切笃实，便是妄想，便是思而不学则殆，所以必须说个行。原来只是一个工夫，古人说知行皆是就一个工夫上补偏救弊说，不似今人分作两件事做。（《文集·答友人问》）

又说：

若会得时，只说一个知，已自有行在；只说一个行，已自有知在。古人所以既说一个知又说一个行者，只为世间有一种人懵懵懂懂任意去做，全不解思惟省察，也只是个冥行妄作。所以必说个知方才行得是。又有一种人茫茫荡荡悬空去思索，全不肯着实躬行，也只是揣摸影响。所以必说一个行方知得真。……今若知得宗旨时，即说两个亦不妨，亦只是一个。若不会宗旨，便说一个亦济得其事，只是闲说话。（《传习录·徐爱记》）

以上几段话，本文讲得很明白，毋庸再做解释。我们读此，可以知道，阳明所以提倡“知行合一”论者，一面固因为“知行之体本来如此”，一面也是针对末流学风“补偏救弊”的作用。我们若想遵从其教得的着力处，只要从真知真行上切实下工夫；若把他的话只当作口头禅玩弄，虽理论上辨析得很详尽，却又堕于“知而不行只是不知”的痼疾，非复阳明本意了。

然则阳明所谓真知真行到底是什么呢？关于这一点，我打算留待“论‘知行合一’与‘致良知’”时再详细说明。试拿现代通行的话说个大概，则“动机纯洁”四个字，庶几近之。动是行，所以能动的机括是知；纯是专精不疑二；洁是清醒不受蔽。质而言之，在意念隐微处（即动机）痛切下工夫。如孝亲，须把孝亲的动机养得十二分纯洁，有一点不纯洁处务要克治去。如爱国，须把爱国的动机养得十二分纯洁，有一点不纯洁处务要克治去。纯洁不纯洁，自己的良知当然会看出，这便是知的作用。看出后登时绝对地服从良知命令做去，务要常常保持纯洁的本体，这便是行的作用。若能如此，自能“好善如好好色，恶恶如恶恶臭”，便是大学诚意的全功，也即是正心修身致知格物的全功。所以他说，“君子之学诚意而已矣”（《答王天宇书》），“意”便是动机，“诚”是务求纯洁。阳明“知行合一”说的大头脑，不外如此。他曾明白宣示他的立言宗旨道：

> 今人只因知行分作两件，故有一念发动，虽是不善，然却未曾行，便不去禁止。我今说个“知行合一”，正要人晓得一念发动处便即是行了……须要彻根彻底不使那一念潜伏在胸中，此是我立言宗旨。（《传习录 · 黄直记》）

他说：“杀人须在咽喉处着刀，为学须在心髓入微处用力。”（《与黄宗贤书（五）》）他一生千言万语，说的都是这一件事。而其所以简易直接，令人实实落落得个下手处，亦正在此。

于是我们所最要知道的，是阳明对于一般人所谓“智识”者，其所采态度如何？是否有轻视或完全抹煞的嫌疑？现在要解决这些问题，作为本章的结论。

阳明排斥书册上的智识和口耳上的智识，所标态度极为解明。他说：“后世不知作圣之本，却专去知识才能上求圣人，弊精竭力，从册子上钻研、名物上考察、形迹上比拟，知识愈广而人愈滋，才力愈多而天理愈蔽。”（《传习录 · 薛侃记》）从这类话看来，阳明岂不是认智识为不必要吗？其实不然。他不是不要智识，而是以为“要有个头脑”[①]（《传习录·徐爱记》）。头脑是什么呢？我们称其为诚意亦可以，称其为致良知亦可以，称其为动机纯洁亦可以。若没有这头脑，智识愈多愈坏。譬如拿肥料去栽培恶树的根，肥料越下得多，头脑却越发畅茂，四旁的嘉谷越发长不成了。有了头脑之后，智识当然越多越好。但种种智识也不消费多大的力，自然会得到。因为智识是头脑发出来的条件。有人问：“如事父母其间温凊定省之类，有许多节目，不知亦须讲求否？”阳明答道：

> 如何不讲求？只是有个头脑……此心若是个诚于孝亲的心，冬时自然思量父母的寒，便自要去求做温的道理；夏时自然思量父母的热，便自要去求个凊的道理。这都是那诚孝的心发出来的条件，却是须有这诚孝的心，然后有这条件发出来。譬之树木，诚孝的心便是根，许多条件便是枝叶，须先有根然后有枝叶，不是先寻了枝叶然后去种根。（《传习录·徐爱记》）

智识是诚心发出来的条件，这句话便是知行合一论最大的根据了。然而条件是千头万绪、千变万化的，有了诚心（即头脑），碰着这件事，自然会讲求这件事，走到那一步，自然会追求前一步。若想

---

① 此是《传习录》中语。原文所谓“头脑”者，谓“只是此心去人欲存天理”，意思只是要动机纯洁。今易其语俾易了解。

在实行以前或简直离开实行而泛泛然去讲习讨论那些条件，那么，在这千头万绪、千变万化中，从哪里讲习起呢？阳明关于此点，有最明快的议论，说道：

> 夫良知之于节目事变，犹规矩尺度之于方圆长短也。节目事变不可预定，犹方圆长短之不可胜穷也。故规矩诚立，则不可欺以方圆，而天下之方圆不可胜用矣；尺度诚陈，则不可欺以长短，而天下之长短不可胜用矣；良知诚致，则不可欺以节目事变，而天下之节目事变不可胜应矣。毫厘千里之谬，不于吾心良知一念之微而察之，亦将何所用其学乎？是不以规矩而欲定天下之方圆，不以尺度而欲尽天下之长短，吾见其乖张谬戾日劳而无成也已。（《答顾东桥书》）

这段话虽然有点偏重主观的嫌疑，但事实上我们对于应事接物的智识，如何才合理，如何便不合理，这类标准，最终不能不以主观的良知为判断，此亦事之无可如何者。即专以求知的工夫而论，我们也断不能把天下一切节目事变都讲求明白才发手去做事。只有先打定主意诚诚恳恳地去做这件事，自然着手之前须逼着做预备智识工夫。着手之后，一步一步地磨炼出智识来。正所谓“知是行之始，行是知之成”也。今请更引阳明两段话以结本章：

> 良知不由见闻而有，而见闻莫非良知之用。故良知不滞于见闻，而亦不离于见闻。……大抵学问工夫，只要主意头

脑是当。若主意头脑专以致良知为事，则凡多闻多见，莫非致良知之功。（《答欧阳崇一书》）

君子之学，何尝离去事为而废论说，但其从事为论说者，要皆知行合一之功，正所以致其本心之良知，而非若世之徒事口耳谈说以为知者，分知行为两事，而果有节目先后之可言也。（《答顾东桥书》）

“知行合一”说在哲学上的根据

“知行合一”，本来是一种实践的工作，不应该拿来在理上拨弄。用哲学家谭玄的头脑来讨论这个问题，其实不免有违反阳明本意的危险（后来王学末流，失其真相正犯此弊）。但是，凡一个学说所以能成立光大，不能不有极深远、极强固的理由在里头。我们想彻底了解“知行合一”说之何以能颠扑不破，当然不能不推求到阳明在哲学上的根据。

阳明在哲学上有极高超而且极一贯的理解。他的发明力和组织力，比朱子和陆子都强。简单说，他是一位极端的唯心论者，同时又是一位极端的实验主义者。从中国哲学史上看，他一面像禅宗，一面又像颜习斋；从西洋哲学史上看，他一面像英国的巴克黎，一面又像美国的詹姆士。表面上像距离很远的两派学说，他能冶为一炉，建设他自己的一派极圆融、极深切的哲学，真是异事。

阳明的知行合一说，是从他的“心理合一”说“心物合一”说中演释出来的。拿西洋哲学的话头来讲，可以说，他是个绝对的一元论者。“一”者何？即“心”是也。他根据这种唯心的一元论，把宇宙万有都看成一体，把圣贤的多少言语都打成一片。所以他不但说知行合一而已，而是什么都是合一。孟子说：“夫道一而已矣。”他最喜欢引用这句话。①

他的“心理合一”说、“心物合一”说，是从解释《大学》引申出来的。我们要知道他立论的根源，不能不将《大学》本文仔细细绎。《大学》说：“欲修其身者先正其心，欲正其心者先诚其意。”这两句话没有什么难解的，但下文紧接着说：“欲诚其意者先致其知，致知在格物。”这两句却真令人费解了。“诚意”是属于志意方面的，“致知”是属于智识方面的。其间如何能发生密切的联络关系？说欲意志坚强（欲诚其意）先要智识充足（先致其知），这话如何讲得去？朱子添字解经说格物是“穷至事物之理”，想借一理字来做意与知之间的一个连锁。于是“致知在格物”改成“致知在穷理”。格物是否可以作穷理解？另一问题，若单就“致知在格物”一句下解释，则朱子所谓“惟于理有未穷，故其知有不尽”，原未尝不可以自成片段。所最难通者，为什么想要诚意必先得穷理，理穷之后意为什么便会诚，这两件事无论如何总拉不拢来。所以朱子教人时有两句重要的话：“涵养须用敬，进学则在致知。”上句是诚正的工

---

①《传习录·卷下》，“问，圣贤许多言语，如何却要打做一个？曰，不是我要打做一个，如曰‘夫道一而已’，又曰‘其为物不二则其生物不测’，天地圣人，皆是一个，如何二得。”

夫，下句是格致的工夫。换句话说，进学是专属于求知识方面，与身心之修养无关系，两者各自分道扬镳。对于《大学》所谓“欲什么先什么，欲什么先什么”那种层累一贯的论法，不独理论上说不通，连文义上也说不通了。

阳明用孟子“良知”那两个字来解释《大学》的“知”字。良知是“不学而能”的，即是主观的“是非之心”，即“欲诚其意者”必先致其有是非之心的良知。这样一来，诚意与致知确能生出联络关系了。却是“致知在格物”那一句又解不通了。若如旧说解格物为“穷至事物之理”，则主观的良知与事物之理又如何能有直接关系呢？欲对此点融会贯通，非先了解阳明的“心物合一”论不可。阳明说：

> “要知身心意知物是一件。”问，“物在外，如何与身心意知是一件？”答，“耳、目、口、鼻、四肢，身也。非心安能视、听、言、动。心欲视、听、言、动，无耳、目、口、鼻、四肢亦不能。故无心则无身，无身则无心，但指其充塞处言之谓之身，指其主宰处言谓之心，指心之发动处谓之意，指意之灵明处谓之知，指意之涉着处谓之物。只是一件，意未有悬空的必着事物。”（《传习录·陈九川记》）

又说：

> 身之主宰便是心，心之所发便是意，意之本体便是知，意之所在便是物。（《传习录·徐爱记》）

又说：

> 心者身之主也，而心之虚灵明觉，即所谓本然之良知也。其虚灵明觉之良知感应而动者谓之意，有知而后有意，无知则无意矣，知非意之本体乎？意之所用必有其物，物即事也。如意用于事亲，即事亲为一物；意用于治国，即治国为一物；意用于读书，即读书为一物；意用于听讼，即听讼为一物。凡意之所在，无有无物者。（《答顾东桥书》）

又说：

> 目无体，以万物之色为体；耳无体，以万物之声为体……心无体，以天地万物感应之是非为体。（《传习录·黄省曾记》）

现在，请综合以上四段话来下总解释。阳明主张“身心意知物是一件”。这句话要分两步解剖才能说明。第一步，从生理学、心理学上说明“身心意知”如何会是一件；第二步，从论理学或认识论上说明主观的“身心意知”和客观的物如何会是一件。先讲第一步，身与心骤看起来像是两件，但就生理和心理的关系稍为按实一下，则“耳、目、口、鼻、四肢，非心不能视、听、言、动。心欲视、听、言、动，离却耳、目、口、鼻、四肢亦不能”，这是极易明之理，一点破便共晓了。心与意的关系“心之发动便是意”，这是公认的，不需下解释。比较难解的是意与知的关系。“意之本体便是知”这句话，是阳明毕生学问之精髓。他晚年倡导“良知是本体”之论，不外是从此语演进出来。对于他所郑重说明的“有知即有意，无知则无意”这句话，我们不妨试内省心理历程，不容我不首肯，然则知为意的本体亦无可疑了。阳明把生理归纳到心理上，再把心理的动态集中到意上，再追求它的静态，发现出知为本体。于是“身心意知是一件”的理论完全成立了。再论第二步，主观的心和客观的物各自独立，这是一般人最易陷的错误。阳明解决这问题，先把物字下广义的解释。所谓物者不专限于有形物质，连抽象的事物，如事亲、治国、读书等，凡我们认识的对象都包括在里头，而其普遍的性质是“意之所在”“意之所涉着处”。再回头来看心理状态，即意之所在、所涉，则“未有无物者”“意不能悬空发动，一发动便涉着到事物”，层层推剥不能不归到“心无体以万物之感应为体”的结论。然则从心理现象观察，主观的心不能离却客观的事物，即单独存在较然甚明，这是从心的方面看出心物合一。

翻过来从物理上观察，也是得同一的结论。阳明以为“心外无物”（《答王纯甫书》），又说：“有是意即有是物，无是意即无是物矣。”（《答顾东桥书》）有人对于他这句话起疑问，他给对方以极有趣的回答。《传习录》记道：

> 先生游南镇，一友指岩中花树问曰，“天下无心外之物，如此花树，在深山中，自开自落，于我心亦何相关？”先生曰，“尔未看此花时，此花与尔心同归于寂；尔来看此

花时，则此花颜色，一时明白起来，便知此花不在尔的心外。”（《传习录·黄省曾记》）

又说：

我的灵明，便是天地鬼神的主宰。天没有我的灵明，谁去仰他高？地没有我的灵明，谁去俯他深？鬼神没有我的灵明，谁去辨他吉凶灾祥？天地鬼神万物，离却我的灵明，便没有天地鬼神万物了；我的灵明离却天地鬼神万物，亦没有我的灵明……今看死的人，他的天地万物，尚在何处？（《传习录·黄直记》）

《中庸》说“不诚无物”，《孟子》说“万物皆备于我”。这些话都是“心外无物论”的先锋，但没有阳明说得那样明快。他所说“你未看此花时，此花与你同归于寂”，又说“死了的人，他的天地万物在何处”，真真算得彻底的唯心派论调。这类理论和譬喻，在西洋哲学史上，从黑格尔到罗素，打了不少的笔墨官司。今为避免枝节起见，且不必详细讨论。总之，凡不在我们的意识范围内的物（即阳明所谓意念不涉着者），最多只能承认其有物理学、数理学或几何学上的存在，而不能承认其有伦理学或认识论上的存在，显然甚明。再进一步看，物理学、数理学或几何学的本身，能离却人类的意识而单独存在吗？断断不能。例如一个等边三角形，有人说，纵使亘古没有人理会，它毕竟是个等边三角形。殊不知若亘古没有人理会，便连

“等边三角形”这个名词先自不存在，何有于“它”？然则客观的物不能离却主观的心而单独存在，又至易见了。这是从物的方面看出心物合一。

还有应该注意者，阳明所谓物者，不仅限于自然界物质的物形、物态，他是取极广义的解释。凡我们意识的对境，皆谓之物。所以说“意用于事亲，即事亲为一物；意用于治国读书听讼等，则此等皆为一物”。这类物为构成我们意识之主要材料，更属显然。总而言之，有客观方有主观，同时亦有主观方有客观。因为主观的意不涉着到客观的物时，便失其作用，等于不存在；客观的物不为主观的意所涉着时，便失其价值，也等于不存在。心物合一说内容大观如此。

这种“心物合一”说，在阳明人生哲学上，得着一个什么的结论呢？得的是“人我一体”的观念，得的是天地万物一体的观念。他说：

> 夫人者，天地之心，天地万物，本吾一体也。（《答聂文蔚书》）

又说：

> 大人者，以天地万物为一体者也，其视天下犹一家，中国犹一人焉。若夫间形骸而分尔我者，小人矣。（《〈大学〉问》）

这些话怎么讲呢？我们开口说“我”。什么是“我”？当然不专指七尺之躯，当然是认那为七尺之躯之主宰的心为最主要的成分。依阳明看法，心不能单独存在，要靠着有心所作为对象的“人”，要靠着有心所作为对象的“天地万物”。把人和天地万物剔开，心便没有对象。没有对象的心，我们到底不能想象其存在。心不存在，“我”还存在吗？换句话说，人们和天地万物便是构成“我”的一部分原料，或者还可以说是唯一的原料。离却它们，我便崩坏；他们有缺憾，我也便有缺憾。所以阳明说：

> 大人之能以万物为一体也，非意之也，其心之仁本若是，岂惟大人。虽小人之心亦莫不然，彼顾自小之耳。是故见孺子之入井而必有怵惕恻隐之心焉，是其心之与孺子为一体也。孺子犹同类者也，见鸟兽之哀鸣觳觫而必有不忍之心焉，是其心与鸟兽为一体也；鸟兽犹有知觉也，见草木之摧折而必有悯恤之心焉，是其心与草木为一体也；草木犹有生意也，见瓦石之毁坏而必有顾惜之心焉，是其心与瓦石为一体也。①（《〈大学〉问》）

前文所述“心物合一”说之实在体相，骤看似与西洋之唯心论派

---

①《传习录·卷下》有“草木瓦石皆有良知”之说，语颇诞谲。细看《阳明全集》，他处并不见有此说，或者即因《〈大学〉问》此段，门人推论之而失其意欤？《传习录·卷下》中，尤其是末数页，语多不醇，刘蕺山、黄梨洲已有辨证。

或心物平行论派之争辩此问题同一步调。其实不然。儒家道术之根本精神，与西洋哲学之以“爱智”为出发点者截然不同。虽有时所讨论之问题若极玄妙，而其归宿，实不外以实践道德为之前提，而非如西方哲人借此为理智的娱乐工具。凡治儒家学说者，皆当作如是观。尤其治阳明学者更不可不认清此点也。阳明所以反复说明心物合一之实相，不外欲使人体验出物我一体之真理而实有诸己。他以为，人类一切罪恶，皆由“间形骸，分尔我”的私见演生出来。而这种私见，实非我们心体所本有，“如明目之中，而翳之以尘沙；聪耳之中，而塞之以木楔。其疾痛郁逆，将必速去之为快，而何能忍于时刻”（《答南元善书》）。所以，他晚年专提“致良知”之教，说“良知见得亲切时，一切工夫都不难”（《与黄宗贤书》），又常说“良知是本体，做学问须从本体得着头脑”（屡见《传习录》及文集）。所谓良知本体者，如目之本明，耳之本聪。若被私见（即分尔我的谬见）隔断点污，正如翳目以沙、塞耳以楔。所以只需见得本体亲切，那么，如何去沙、拔楔，其工夫自迫切而不能自已。所谓“好善如好好色，恶恶如恶恶臭”，必如是方能自慊。阳明教人千言万语，只是归着到这一点，盖良知见得亲切时，见善自能如目之见好色，一见着便不能不好；见恶自能如鼻之闻恶臭，一闻着便不能不恶。我们若能确实见得物我一体的实相，其所见之明白，能与见好色、闻恶臭同一程度。那么，更如何能容得“分尔我”的私见有丝毫之存在呢？因为“吾心与孺子为一体”，所以一见孺子入井，良知立刻怵惕恻隐，同时便立刻援之以手；因为吾心与国家为一体，所以爱国如爱未婚妻，以国之休戚利害为己之休戚利害。这不是“知之真切笃实处便是行”吗？

哲理上的“心物合一”论，所以其实践上归宿到“知行合一”论者在此。

以下更讲他的“心理合一”论，既已承认心物合一，理当然不能离心物而存在，本来可以不必再说心理合一，阳明所以屡屡论及此，而且标“心即理”三字为一种口号者，正为针对朱子“天下之物莫不有理”那句话而发。原来这个问题发生得很早，孟子时有一位告子，标“仁内义外”之说，以为事物之合理不合理，其标准不在内的本心而在外的对境。孟子已经把他驳倒了。朱子即物穷理之教，谓理在天下之物，而与“吾心之灵”成为对待，正是暗袭告子遗说，所以阳明力辟他，说道：

> 朱子所谓格物云者，在即物而穷其理。即物穷理是就事事物物上求其所谓定理者也，是以吾心而求理于事事物物之中，析心与理而为二矣。夫求理于事事物物者，如求孝之理于其亲之谓也。求孝之理于吾亲，则孝之理其果在于吾之心耶？抑果在于亲之身耶？假而在于亲之身，则亲殁之后吾心遂无孝之理欤？见孺子入井，必有恻隐之理……其或不可以从之于井欤？其或可以手而援之欤？是皆所谓理也。是果在于孺子之身欤？抑果出于吾心之良知欤？以是例之，万事万物之理，莫不皆然，是可以知析心与理为二之非矣。（《答顾东桥书》）

平心论之，“就事事物物上求其所谓定理”，并非不可能的事，又并非不好的事。全然抛却主观，而以纯客观的严正态度研求物理，此正现代科学所由成立。科学初输入中国时，前辈译为“格致”，正是用朱子之说理。虽然，此不过自然界之物理为然耳。科学所研究之自然界物理，其目的只是要把那件物的原来样子研究得正确，不发生什么善恶价值问题。所以用不着主观，而且容不得主观。若夫人事上的理，即吾人应事接物的条理，吾人须评判其价值，求得其妥当性，即善亦即理，以为取舍从违之标准。所谓妥当不妥当者，绝不能如自然界事物之含有绝对性而常为相对性。然则离却吾人主观。所谓妥当者，而欲求客观的妥当于事物自身，可谓绝对不可能的事。况且，朱子解的是《大学》，而《大学》格致工夫，与诚意紧相衔接。如何能用自然科学的研究法来比附？阳明说：“先儒解格物为‘格天下之物’。天下之物，如何格得尽？且谓‘一草一木亦皆有理’，今如何去格？纵格得草木来，如何反来诚得自家的意？”（《传习录·黄以方记》）然则《大学》所谓“物”，一定不是指自然界，而实指人事交互复杂的事物，自无待言。既已如此，则所谓妥当性，即理，不能求诸各事物之自身，而必须求诸吾心，亦不待言。所以阳明说：

> 夫物理不外于吾心，外吾心而求物理，无物理矣。遗物理而求吾心，吾心又何物耶？……后世所以有专求本心遂遗物理之患，正由不知心即理耳……外心以求理，此知行之所以二也。求理于吾心，此圣门“知行合一”之教。（《答顾东桥书》）

外心以求理，结果可以生出两种弊端：非向外而遗内，即向内而遗外。向外而遗内者，其最踏实的如研究自然科学，固然是甚好，但与身心修养之学，关系已经较少（也非无关系，不过较少耳，此事当别论）。等而下之，则故纸堆中片辞只义之考证笺注，先王陈迹井田封建等类之墨守争辩，繁文缛节少仪内则诸文之剽窃模仿，诸如此类。姑勿论其学问之为好、为坏、为有用、为无用，至少也免不了博而寡要、劳而少功的毛病。其绝非圣学入门所宜有事也可知。向内而遗外者，视理为超绝心境之一怪物，如老子所谓“有物混成，先天地生”“恍兮惚兮，其中有象”，禅宗所谓“言语道断，心行路绝”。后来戴东原讥笑朱儒言理说是“如有物焉，得于天而具于心”者，正属此类。由前之说，正阳明所谓“外吾心而求物理”；由后之说，则所谓“遗物理而求吾心”。此两弊，朱学都通犯了。朱子笺注无数古书，乃至《楚辞》《参同契》都注到，便是前一弊；费偌大力气去讲太极无极，便是后一弊。阳明觉此两弊皆是为吾人学道之障，所以单刀直入，鞭辟近里，说道：“心外无物，心外无事，心外无理，心外无善。”（《答王纯甫书》）朱子解格物到正心修身，说是“古人为学次第”（《大学·章句序》）。次第云者，像上楼梯一般，上了第一级才能到第二级，所以工夫变成先知（格致）后行（诚意等），这是外心求理的当然结果。阳明主张心理合一，于是得如下的结论：

理一而已，以其理之凝聚而言则谓之性，以其凝聚之主宰而言谓之心，以其主宰之发动而言则谓之意，以其发动之明觉而言则谓之知，以其明觉之感应而言则谓之物，故就物而言谓之格，就知而言谓之致，就意而言谓之诚，就心而言谓之正。正者，正此也；诚者，诚此也；致者，致此也；格者，格此也。（《答罗整庵少宰书》）

这段话骤看起来，像有点囫囵笼统，其实凡一切心理现象，只是一刹那间同时并起，其间名相的分析，不过为说明的一种方便。实际上如何能划然有界限分出个先后阶段来？阳明在心物合一、心理合一的前提之下，结果不认格致诚正为几件事的“次第”，只认为一件事里头所包含的条件。换言之，不是格完物才去致知，致完知才去诚意，倒是欲诚意须以致知为条件，欲致知须以格物为条件。正如欲求饱便须吃饭，欲吃饭便须拿筷子端碗。拿筷子端碗，吃饭求饱，虽像有几个名目，其实只是一件事，并无所谓次第，这便是“知行合一”。今为令学者了解阳明学说全部脉络起见，将他晚年所作《〈大学〉问》下半篇全录如下：

身、心、意、知、物者，是其工夫所用之条理，虽亦各有其所，而其实只是一物。格、致、诚、正、修者，是其条理所用之工夫。虽亦皆有其名，而其实只是一事。何谓身？心之形体运用之谓也。何谓心？身之灵明主宰之谓也。何谓修身？为善而去恶之谓也。吾身自能为善去恶乎？必其灵明主宰者欲为善而去恶，然后其形体运用者始能为善而去恶也。故欲修其身者，必在于先正其心也。然心之本体则性也，性无不善，则心之本体本无不正也。何从而用其正之之功乎？盖心之本体本无不正，自其意念发动而后有不正。故欲正其心者，必就其意念之所发而正之，凡其发一念而善也，好之真如好好色；发一念而恶也，恶之真如恶恶臭，则意无不诚而心可正矣。然意之所发有善有恶，不有以明其善恶之分，亦将真妄错杂，虽欲诚之，不可得而诚矣。故欲诚其意者必在于致知焉。“致”者，至也，如云“丧致乎哀”之致。易言“知至至之”，其“知至”者，知也，“至之”者，致也。“致知”云者，非若后儒所谓充扩其知识之谓也，致吾心之良知焉耳。良知者，孟子所谓“是非之心人皆有之”者也。是非之心，不待虑而知，不待学而能，是故谓之良知。凡意念之发，吾心之良知，无有不自知者。其善欤，惟吾良知自知之；其恶欤，亦惟吾良知自知之。是皆无所与于他人者也。故虽小人之为不善，既已无所不至，然其见君子，则必厌然掩其不善而著其善者，是亦可以见其良知之有不容于自昧者也。今欲别善恶以诚其意，惟在致其良知之所知焉尔。何则？意念之发，吾心之良知既知其为善矣，使其不能诚有以好之，而后背而去之，则是以善为恶而自昧其知善之良知矣。意念之所发，吾之良知既知其为不善矣，使其不能诚有以恶之，而后蹈而为之，则是以恶为善而自昧其知恶之良知矣。若是，则虽曰知之，犹不知也，意其可得而诚乎？今于良知所知之善恶者，无不诚好之而诚恶之，则不自欺其良知，而意可诚也已。然欲致其良知，亦岂影响恍惚而悬空无实之谓乎？是必实有其事矣。故致知必在于格物。物者事也，凡意之所发必有其事，意所在之事谓之物。格者正也，正其不正者以归于正之谓也。良知所知之善，虽诚欲好之矣，苟不即其意之所在之物而实有以为之，则是物有未格而好之之意犹为未诚也。良知所知之恶，虽诚欲恶之矣，苟不即其意之所在之物而实有以去之，则是物有未格而恶之之意犹为未诚也。今焉于其良知所知之善者，即其意之所在之物而实为之，无有乎不尽。于其良知所知之恶者，即其意之所在之物而实去之，无有乎不尽。然后物无不格，而吾良知之所知者，无有亏缺障蔽而得以极其至矣。夫然后，吾心快然无复余憾而自慊矣；夫然后，意之所发者，始无自欺而可以谓之诚矣。故曰："物格而后知至，知至而后意诚，意诚而后心正，心正而后身修。"

这篇文字是阳明征思、田临动身时写出来面授钱德洪的，可算得他平生论学的绝笔。学者但把全文仔细䌷绎，便可以彻底了解他学问的全部真相了。简单说，根据"身心意知物只是一物"的哲学理论，归结到"格致正修只是一事"的实践法门，这便是阳明学的全体大用。他又曾说："君子之学，诚意而已矣。格物致知者，诚意之功也。"（《答王天宇书》）以诚意为全部学问之归着点，而致良知为其下手之必要条件。由此言之，知行之决为一事而非两事，不辩自明了。

最当为注意者，尤在其所言格物工夫。耳食者流，动辄以阳明学派玄虚，为顿悟，为排斥知识，为脱略实务，此在王学末流，诚不免此弊，然而阳明本旨决不如是也。阳明常言：“格物者其用力实可见之地。”（《答罗整庵少宰书》）盖舍此则别无用力之可见矣。陆象山教人专在人情事变上做工夫，阳明亦说：“除了人情事变则无事矣。”（《传习录·陆澄记》）又说：“若离了事物为学，却是着空。”（《传习录·陈九川记》）他在滁州时，虽亦曾沿用旧法，教人静坐，晚年却不以为然。他说：“人须在事上磨炼做工夫乃有益。若止好静，遇事便乱，终无长进。那静时工夫，似收敛而实放溺也。”（《传习录·陈九川记》）又说：“徒知养静而不用克己工夫，临事便要倾倒。人须在事上磨炼方立得住，方能静亦定、动亦定。”（《传习录·陆澄记》）

有人拿《孟子》中“必有事焉而勿忘勿助长”那段话问他，他答道：

> 我此间讲学，只说个“必有事焉”，不说“勿忘勿助”……不着实去“必有事”上用功，终日凭空去做个“勿忘”，又凭空去做个“勿助”，茫茫荡荡，全无着实下手处，究竟工夫只做个沉空夺寂，学成一个痴呆汉才遇些子事来，即便牵滞纷扰，不复能经纶宰制。此皆有志之士，而乃使之劳苦缠缚，耽搁一生，皆由学术误人，甚可悯矣。（《答聂文蔚书》）

后来颜习斋痛斥主静之说，说其是死的学问，是懒人的学问。这些话有无过火之处，且不必深论。若认他骂得很对，也只骂得着周濂溪、李延年，骂得着程伊川、朱晦庵乃至陈白沙，却骂不着阳明。阳明说“好静只是放溺”，说“沉空守寂会学成痴呆”，而痛惜于“学术误人”，凡习斋所说的，阳明都早已说过了。至其说“必待入口然后知味之美恶，必待身亲履历然后知道路之险夷”前，主张知识必由实际经验得来，尤其习斋及近世詹姆士·杜威辈所倡实验主义属同一口吻，为极端唯心派的人。及其讲到学识方面，不独不高谈主观，而且有偏于纯客观的倾向。浅见者或惊疑其矛盾，殊不知他的“心物合一”论、“心理合一”论，结果当然要归着到此点。为什么呢？他一面说“外吾心而求物理，则无物理”，同时跟着说“遗物理而求吾心，吾心又何物”。盖在心物合一的前提之下，不独物要靠心乃能存在，心也要靠物乃能存在。心物既是不能分离的东西，然则极端的唯心论，换一方面看，同时也便是极端的唯物论了。他说“心无体，以万物之感应是非为体”，以无的心而做心学，除却向“涉着于物”处用力，更有何法？夫曰“行是知的工夫”“行是知之成”，此正实验主义所凭借以得成立也。

“知行合一”与“致良知”

钱德洪、王畿所撰《年谱》，说阳明三十八岁始以知行合一教学者，五十岁始揭致良知之教。[①]其实“良知”二字，阳明早年已屡屡提及，不过五十岁始专以此为教耳。他五十五岁时有给邹守益一封信，内中几句话极为有趣。他说：“近有乡大夫诮仁讲学者云，‘除却良知还有什么说得？’仁答曰，‘除却良知还有什么说得。’”他晚年真是“开口三句不离本行”，千言万语，都是发挥“致良知”三字。表面看来，从前说“知行合一”，后来说“致良知”，像是变更了口号。不错，口号的字句是小有变更，其实内容原只是一样，我们拿“知行合一”那句话代表阳明学术精神的全部可以，拿“致良知”

① 《寄邹谦之书》云：“近来信得‘致良知’三字真圣门、正法眼藏。往年尚疑未尽，今自多事以来，只此良知，无不具足。譬之操舟得舵，平澜浅濑，无不如意。虽遇颠风逆浪，舵柄在手，亦免没溺之患矣。”此书是正德十六年在南昌所发，时阳明五十岁，平宸濠之次年也。

这句话代表阳明学术精神的全部也可以。

“致良知”这句话是把《孟子》里“人之所不学而知者，其良知也”和《大学》里“致知在格物”那两句话连缀而成。阳明自下解说道：“孟子云‘是非之心，知也’‘是非之心，人皆有之’，即所谓良知也。孰是无良知乎？但不能致之耳。易谓‘知至至之’知至者知也，至之者致知也，此知行之所以一也。近世格物致知之说，只一‘知’字尚未有下落，若‘致’字工夫，全不曾道着此矣。此知行之所以二也。”（《答陆原静书（二）》）观此可知，“致良知”正所以为“知行合一”，内容完全一样，所以改用此口号者，取其意义格外明显而已。

“致良知”这句话，后来王门弟子说得太玄妙了，几乎令人无从捉摸。其实阳明本意是平平实实的，并不含有若何玄学的色彩。试读前章所引《〈大学〉问》中解释“致知”那段话，便可以了然。阳明自己将其编成几句口诀——即有名的“四句教”。所谓：

> 无善无恶心之体，有善有恶意之动，知善知恶为良知，为善去恶是格物。（王畿《天泉证道记》）①

---

① 后来刘蕺山、黄梨洲都不信“四句教”，疑是王龙溪造谣言。我们尊重龙溪人格，实不敢附和此说。况且天泉证道时，有钱绪山在一块，这段话摘入《传习录》，而《传习录》经绪山手定，有嘉靖丙辰跋语，其时阳明殁已久了。若非师门遗说，绪山如何肯承认？蕺山等人所疑者，不过因“无善无恶”四字，不知善之名对恶而始立。心体既无恶，当然也无善，何足为疑呢？

良知能善能恶，致的工夫即是就意所涉着之事物实行为善去恶。这种工作，虽愚夫愚妇，要做便做，但实行做到圆满，虽大贤也恐怕不容易。所以这种学问，可以说是极平庸，也可以说是极奇特。刘蕺山引《系辞》中孔子赞美颜子的话来做注脚，说道：“有不善未尝不知，良知也。知之未尝复行，致良知也。”阳明亦曾拿《大学》的话来说：“‘所恶于上’是良知，‘毋以使下’是致良知。”（《传习录·卷下》）致良知最简易的解释，不过如此。

《大学》说：“所谓诚其意者，毋自欺也。”阳明既认致知为诚意的工夫，所以最爱用“不欺良知”这句话来做“致知”的解释。他说：

> 尔那一点良知，是尔自家的准则。尔意念着处，他是便知是，非便知非，更瞒他一些不得。尔只不要欺他，实实落落依着他去做，善便存，恶便去，何等稳当快乐。（《传习录·陈九川记》）

拿现在的话说，只是绝对地服从良心命令便是。然则为什么不言良心，而言良知呢？因为心包含意与知两部分，意不必良，而知无不良。阳明说：“凡应物起念处皆谓之意，意则有是有非。能知得意之是与非者则谓之良知。依得良知，即无有不是。”（《答魏师说书》）“所以良知是你的明师。”（《传习录·卷上》）关于这一点，阳明总算把性善论着。随便举一个例就可以反驳倒我们。但是，本能的发动虽有对有不对，然而某件对某件不对，我们总会发觉。就

“会发觉”这一点看，就是“人之所以异于禽兽”，就是“人皆可以为尧舜”的一副本钱。所以孟子说良知良能，而阳明单提知的方面代表良心之全部。说：“良知者心之本体。”（《答陆原静书》）

“有善有恶意之动。”意，或动于善，或动于恶。谁也不能免，几乎可以说没有自由。假使根本没有个良知在那里指导，那么，我们的行为便和下等动物一样，全由本能冲动，说不上有责任。然而实际上决不如此。“良知在人，随你如何，不能泯灭，虽盗贼亦自知不当为盗，唤他做贼，他还忸怩。”（《传习录·陈九川记》）“良知之在人心，无间于圣愚，天下古今之所用也。”（《答聂文蔚书》）“凡意念之发，吾心之良知无有不自知者，其善欤？惟吾良知自知之，其恶欤？亦惟吾良知自知之。”（《〈大学〉问》）“此两字人人所自有，故虽至愚下品，一提便省觉。”（《答聂文蔚书（三）》）既有知善知恶之良知，则选择善恶，当然属于我的自由。良知是常命令我择善的，于是为善去恶，便成为我对于我的良知所应负之责任。人数行为所以有价值，全在这一点。

良知虽人人同有，然其明觉的程度不同，所以要下“致”的工夫。“圣人之知，如青天白日；贤人之知，如浮云天日；愚人如阴霾天日，虽有昏明不同，其能辨黑白则一。虽昏黑夜里亦影影见得黑白，就是日之余光未尽处。困学工夫，只从这一点明处精察去。”（《传习录·黄修易记》）有人对阳明自叹道：“私意萌时，分明自知得，只是不能使它即去。”阳明道：“你萌时这一‘知’，便是你的命根。当下即把那私意消除去，便是立命工夫。”（《传习录·黄修易记》）假使并这一点明处而无之，那真无法可想了。然而实际上决不如此。无论如何昏恶的人，最少也知道杀人不好。只要能知道杀人不好，“充其无欲害人之心，而仁不可胜用矣”，最少也知道偷人东西不好。只要能知道偷东西不好，“充其无欲穿窬之心，而义不可胜用矣”。所以说，“这一知是命根”。抓着这命根往前致，致，致，由阴霾天的日致出个浮云天的日来，由浮云天的日致出个青天的日来，愚人便会摇身一变，变成贤人，摇身再变，变成圣人了。所以阳明说：“人若知这良知诀窍，随他多少邪思枉念，这里一觉，都自消融，真个是灵丹一粒，点铁成金。”（《传习录·陈九川记》）利用这一觉，致良知工夫便得着把柄入手了。他又说：“杀人须在咽喉处着刀，吾人为学当从心髓入微处用力。自然笃实光辉，私欲之萌，真是洪炉点雪，天下之大本立矣。”（《与黄宗贤书》）专就“这一点明处”往前致，致到通体光明，如青天之日，便有“洪炉点雪”气象，便是“致良知”工夫成熟。

我们最当注意者，利用那一觉，固然是入手时最简捷的法门，然并非专恃此一觉便了。后来王学末流，专喜欢讲此一觉，所以刘蕺山斥他们，说道：“后儒喜言觉，谓一觉无余事，即知即行……殊不知主张一觉无余事者，不知不觉间已堕于‘知而不行只是不知’，恰与阳明本意违反了。”当时已有人疑阳明“立说太高，用功太捷，未免堕禅宗顿悟之机”。阳明答道：“区区格致诚正之说，是就学者本心日用事为间体究践履，实地用功，是多少次第、多少积累在，正与空虚顿悟之说相反。”（《答顾东桥书》）所以“致良知”工夫，说易固真易，说难却又真难。当时有学者自以为已经能致知，阳明教训他道：“何言之易也，再用功半年看如何，又用功一年看如何。工夫愈久愈觉不同，此虽口说。”（《传习录·陈九川记》）晚明，治王学的人，喜欲说“现成良知”，轻轻把“致”字抹煞，全不是阳明本意了。

“致良知”工夫是要无间断的，且要十分刻苦的。方才引的“私欲萌时那一知”要抓着做个命根，固也。但并非除却那一知便无所用力。阳明说：“譬之病疟之人，虽有时不发，而病根不曾除，则亦不得谓之无病。”（《答陆原静书》）所以，“省察克治之功，无时而可间。如去盗贼，须有个扫除廓清之意。无事时，将好色、好货、好名等私，逐一追究披寻出来，定要拔去病根，永不复起，方始为快。常如猫之捕鼠，一眼看着，一耳听着，才有一念萌动，即与克去，斩钉截铁，不可姑容与它方便，不可窝藏，不可放它出路，方是真实用功，方能扫除廓清。”（《传习录·陆澄记》）他在赣南剿土匪时，寄给他朋友的信中有两句有名的话：“去山中贼易，去心中贼难。”可见得这一个“致”字，内中含有多少扎硬寨、打死仗的工夫，绝非“一觉无余事”了。

阳明尝自述其用力甘苦，说道：“毫厘之差，乃致千里之谬，非诚有求为圣人之志，而从事于惟精惟一之学者，莫能得其受病之源而发其神奸之所由伏也。若某之不肖，盖亦尝陷溺于其间者几年，伥伥然既自以为是矣。赖天之灵，偶有悟于良知之学，然后悔其向之所为者，固包藏祸机作伪于外而心劳日拙者也。十余年来，虽痛自洗剔创艾，而病根深痼，萌孽时生，所幸良知在我，操得其要，譬犹舟之得舵，虽惊风巨浪，颠沛不无，尚犹得免于倾覆者也。夫旧习之溺人，虽已觉悔悟，而克治之功，尚且其难如此，又况溺而不悟日益以深者，亦将何所抵极乎！”（《寄邹谦之书》）读这段话，不能不令人悚然汗下。以我们所见的阳明，学养纯粹，巍然为百世宗师。然据他的自省，则有“神奸攸伏”“作伪于外，心劳日拙”种种大病，用了十几年洗剔工夫，尚且萌孽时生。我们若拿来对照自己，真不知何地自容了。[①]据此可知，良知工夫，全以毋自欺为关键，把良知当作严明的裁判官，自己常像到法庭一般，丝毫不敢掩饰，方有得力处。最妙者，裁判官不是别人，却是自己，要欺也欺不得，徒然惹自己苦痛。依着它便如舟之得舵，虽惊涛骇浪中，得有自卫的把握而泰然安稳。结果得看“自慊”——自己满足。“致良知”工夫所以虽极艰难而仍极简易者在此。

讲到这里，我们要提出紧急动议讨论一个问题，阳明说：“良知是我们的明师，它说是便知是，非便知非，判断下来绝不会错。”这话靠得住吗？我们常常看见有一件事，甲乙两个人对于同一事同时下相反的判断，而皆自以为本于自己的良知。或一个人对于某件事，前后判断不同，而皆以为本良知。不能两是，必有一非，到底哪个良知是真呢？况且，凡是非之辨所由起，必其之性质本介于两可之间者也。今若仅恃主观的良知以下判断，能否不陷于武断之弊？后来戴东原说宋儒以“意见”为理。何以见得阳明所谓良知不是各个人的“意见”呢？这是良知说能否成立之根本问题，我们要看阳明怎样解答。

---

① 阳明卒时五十八岁，《寄邹谦之书》是他五十五岁写的，读此可见其刻苦用功，死而后已。

第一，须知阳明所谓知是知非者，其实只是知善知恶。（他拿是非来说不过为孟子“是非之心人皆有之”那句话作注解）善恶的标准，虽然也不是绝对的，但已不至如是非之疑似难辨。最少如“无欲害人”“无欲穿窬”之类几项基本标准总是有的，从良知所见到这一点致出去，总不会错。或问阳明：“人心所知，多有认贼做子处，何处乃见良知？”阳明反问：“尔以为何如？”答：“心所安处便是良知。”阳明道：“固是。但须省察，恐有非所安而安者。”（《传习录·陆澄记》）凡事就此心所安处做去，最少总可以得自慊——自己满足的结果。

第二，所谓武断或意见者，主张直觉说的人最易犯此病。阳明的致良知，骤看来很像纯任直觉。其实不然。他以格物为致知的工夫，说：“欲致其良知，非影响恍惚悬空无实之谓，必实有其事。”（《〈大学〉问》）他说，要“在事上磨炼”（《传习录·陆澄记》），说“除却见闻酬酢无良知可致”（《答顾东桥书》）。所以关于判断事理的知识，阳明却是主经验论，并不主直觉论。有人问：“知识不长进如何？”他答道：“为学须有本原，渐渐盈科而进。婴儿在母腹时，有何知识？出胎后方始能啼，既而复能笑，又而复能认识其父母兄弟，又而复能立，能行，能持，能负，卒乃天下之事无不可能，皆是精气日足，则聪明日开，不是出胎日便讲求推寻得来。”（《传习录·陆澄记》）他不认为知识能凌空笼统地一齐得着，而认为要由后天的经验，一步一步增长起来。然而戴东原所谓“理与事分为二而与意见合为一”（《孟子字义疏证·卷上》）者，在朱学或有此病，在王学决不然。阳明又说：“我辈致知，只是各随分限所及。

今日良知见是如此，只随今日所知扩充到底，明日良知又有开悟，便从明日所知扩充到底，如此方是精一工夫。”（《传习录·黄直记》）由此言之，良知并不是一成不变，实是跟着经验来天天长进。不过用功要有个头脑，一切智识都从良知发生出来，才不至散而无纪罢了。阳明又说：“如人走路一般，走得一段，方认得一段，走到歧路处，有疑问便问，问了又走，方能到得欲到之地。……只管愁不能尽知，只管闲讲，何益？”（《传习录·陆澄记》）朱子说的“即物穷理之后，一旦豁然贯通，则众物表里精粗无不到。”那种做学问法，诚不免有认意见为理的危险。阳明则全不是这种路数，他说：“并不是本体明后便于天下物便都知得都做得。天下事物如名物度数草木鸟兽之类，虽圣人亦何能尽知？但不必知的，圣人自不消求知，其所当知的，圣人自能问人。如‘子入太庙每事问’之类。”（《传习录·黄直记》）“致良知”工夫，只是对于某件事应做不应做，求得一个定盘针。决定应做之后，该如何做法，跟着有多少学问思辨工作在里头，而这些工作，却是要用客观的经验的，不是靠主观的直觉的，这便是阳明本旨。

至于事理是非介在疑似两可之间者，决定应做与否，诚然不能不凭良知一时之直觉。阳明以为我们平日用功，不必以此等例外的事理为标准，而且欲对于此等事应付不误，只有平日把良知摩擦得晶莹，存养得纯熟，然后遇事乃得其用。有人问他：“道之大端，易于明白，至于节目时变，毫厘千里，必待学而后知。如语孝……舜之不告而娶、武之不葬而兴师等事，处常处变，过与不及之间，必须讨论是非以为制事之本。”阳明答道：“道之大端，易于明白，此语诚然。

顾后之学者，忽其易于明白者而弗由，而求其难者以为学，此所谓道在迩而求诸远，事在易而求诸难也。……夫良知之于节目事变，犹规矩尺度之于方圆长短也。节目事变之不可预定，犹方圆长短之不可胜穷也。……毫厘千里之谬，不于吾心良知一念之微而察之，亦将何所用其学乎！……夫舜之不告而娶，岂舜之前已有不告而娶者为之准则，故舜得以考诸何典，问诸何人，而为此耶？……后之人不务致其良知，以精察义理于此心感应酬酢之间，顾欲悬空讨论此等变常之事，执之以为制事之本，以求临事之无失，其亦远矣。”（《答顾东桥书》）

这段话在实践道德学上含有重大的意味。善恶的标准，有一部分是绝对的，有一部分是相对的。相对的那部分，或甲时代与乙时代不同，或甲社会与乙社会不同，或同一时代同一社会而各个人所处的地位不同，这种临时、临事的判断，真是不能考诸何典、问诸何人。除却凭主观的一念良知之直觉以权轻重之宜，没有别的办法。然则我们欲对于此等临事无失，除却平日下工夫把良知磨得雪亮，预备用得着直觉时，所直觉者不致错误，此外又更有何法呢？

第三，一般人所判断的是非善恶，自命为本于良知者，然而往往会陷于错误。这是常见的事，阳明亦承认。但阳明以为这决不是良知本身的缺点，不过是没有实下“致”的工夫，以致良知被锢蔽而失其作用耳。他说：“事物之来，但尽吾心之良知以应之，所谓‘忠恕违道不远’矣。凡处得有未善及有困顿失次之患者，皆是牵于毁誉得丧，不能实致其良知耳。若能实致其良知，然后见得平日所谓善者未必是善，所谓未善者却恐正是牵于毁誉得丧而自贼其良知者也。”

（《答周道通书》）

俗语说得好，“旁观者清，当局者迷”。同是一个人，同是那良知，何以观察旁人很清醒，自己当局便糊涂起来呢？因为一到当局，便免不了得失或毁誉等顾忌。譬如讨论一个工场法案，某甲属于劳动阶级或想利用劳动阶级，主张便如此。某乙属于资本阶级或想利用资本阶级，主张便如彼。虽各各昌言道我本良知的主张，其实他们的良知已经被得失之见缠蔽了。纵使不属哪阶级，亦不想利用哪阶级，然而看见那一种时髦的主张便跟着主张去，或者从前主张错了，而护短不欲改口，他们的良知已经被毁誉之见缠蔽了。此外，或因一时情感冲动，或因事实牵扯，令良知失其作用者原因甚多。总而言之，以自己为本位，便有一种“我的成见”横亘胸中，便是以为良知之贼。这类东西，阳明统名之曰“私欲”。“致良知”工夫，最要紧的是把这些私欲划除净尽。假使一个人，他虽然属于劳动阶级或资本阶级，但他并不以本身利害为本位，纯采第三者的态度，由当局而抽身出来，像旁观者一样，而且并不要讨好于任何部分人，不要任何部分人恭维他，赤裸裸的真，信凭他的良知来判断这个工场法案，那么我们敢保证，他下的判断，一定是“忠恕违道不远”了。“致良知”的实在工夫，便是如此。

阳明在江西的时候，有一属官，常来旁听讲学。私下对人说：“可惜我为簿书讼狱所困，不得为学。”阳明听见了，告诉他道：“我何尝叫尔离了簿书讼狱悬空去讲学？你既有官司之事，便从官司的事上为学，才是真格物。如问一词讼，不可因其应对无状，起个怒心；不可因他言语圆转，生个喜心；不可恶其嘱托，加意治之；不可因其请求，屈意从之；不可因自己事务烦冗，随意苟且断之；不可因旁人谮毁罗织，随人意思处之。这许多意思皆私，只尔自知，须精细省察克治，惟恐此心有一毫偏倚。这便是格物致知。簿书讼狱之间，无非实学；若离了事物为学，却是着空。”（《传习录 · 陈九川记》）

据这段话所教训，可见得我们为什么判断事理会有错呢？都不外被“私的意见”蒙蔽着。只要把这种种“私”克去，自然会鉴空衡平，亦且事理到跟前，都能看得真切。程明道所谓“廓然而大公物来而顺应”，正是这种境界。拿现在的话来讲，只要纯采客观态度，不掺杂丝毫主观的成见及计较，那便没有不清楚的事理。①

讲到这里，“图穷而匕首见”，不能不提出阳明学派最主要的一个关键，曰“义利之辨”。昔朱晦庵请陆象山在白鹿洞书院讲演，象山讲《论语》“君子喻于义，小人喻于利”那一章，晦庵听了大感动，天气微暖而汗出挥扇。阳明继承象山学派，所以陆王之学，彻头彻尾只是立志辨义利。阳明以为，良知唯一的仇敌是功利主义，不把

---

① 这段话还给我们一种重大的教训，就是令我们知道修养工夫，并不消把日常应做的事搁下一边，另起炉灶去做。譬如一个学生，不说我现在学校功课太忙，没有时间去致良知。你在课堂上听讲，在图书馆里念书，便可以从听讲念书上头致你的良知。念一部书，完全为研求书中道理，不是想抄袭来完成毕业论文，不是要摘拾几句口耳来出风头。读时，不草率、不曲解；批评时，不闹意气……诸如此类，就是读书时“致良知”工夫。《传习录》中尚有答人问读书一段云：“且如读书时，知得强记之心不是，即克去之；有欲速之心不是，即克去之；有夸多斗靡之心不是，即克去之。如此亦只是终日与圣贤印对，是个纯乎天理之心。任他读书，亦只是调摄此心而已，何累之有？”

这个病根拔去，一切学问无从做起。他所著有名的《拔本塞源论》，关于此警告说得最沉痛。今节录如下：

> 夫拔本塞源之论不明于天下，则天下之学圣人者，将日繁日难，斯人沦于禽兽、夷狄，而犹以为圣人之学。吾之说，虽或暂明于一时，终将冻解于西而冰坚于东，雾释于前而云滃于后，呶呶焉危困以死，而卒无救于天下之分毫也已。夫圣人之心，以天地万物为一体，其视天下之人，无内外远近。凡有血气，皆其昆弟赤子之亲，莫不欲安全而教养之，以遂其万物一体之念。天下之人心，其始亦非有异于圣人也，特其间于有我之私，隔于物欲之蔽，大者以小，通者以塞。人各有心，至有视其父子兄弟如仇雠者。圣人有忧之，是以推其天地万物一体之仁以教天下，使之皆有以克其私、去其蔽，以复其心体之同然。……孔、孟既殁，圣学晦而邪说横。教者不复以此为教，而学者不复以此为学。霸者之徒，窃取先王之近似者，假之于外以内济其私己之欲，天下靡然宗之……圣人之学，日远日晦，而功利之习愈趋愈下。其间虽尝瞽惑于佛、老，而佛、老之说，卒亦未能有胜其功利之心。虽又尝折衷于群儒，而群儒之论，终亦未能有以破其功利之见。盖至于今，功利之毒沦浃于人之心髓，而习以成性也，几千年矣。相矜以知，相轧以势，相争以利，相高以技能，相取以声誉。……记诵之广，适以长其傲也；知识之多，适以行其恶也；闻见之博，适以肆其辩也；辞章

之富，适以饰其伪也。……其称名僭号，未尝不曰“吾欲以共成天下之务”，而其诚心实意之所在，以为不如是则无以济其私而满其欲也。呜呼，以若是之积染，以若是之心志，而又讲之以若是之学术，宜其闻吾圣人之教，而视之以为赘疣枘凿，则其以良知为未足，而谓圣人之学为无所用，亦其势有所必至矣。（《答顾东桥书》）

“功利”两个字，在今世已成为哲学上的一种主义——最时髦的学派。我们生今日而讲“非功利”，一般人听了何止“以为赘疣枘凿”，一定当作妖怪了。虽然，须知阳明之“非功利”，并不是叫人不做事，也不是叫人做事不要成功，更不是把人生乐利幸福一概抹杀。这些话无须多辩，只把阳明一生替国家、替地方人民所做的事业点检一下，当然可以得着绝好的反证。然则他所非的功利是什么呢？是各个人的自私自利——以自己利益为本位那种念头。详细点说，凡专求满足自己的肉欲，如食膏粱、衣文绣、宫室之美、妻妾之奉等，以及为满足肉欲起见而发生的财货欲，更进而追求满足自己的权势欲，追求满足自己的虚荣欲。凡此之类，阳明统名之为私欲——即功利。阳明认为，一切罪恶之根源，“知善知恶为良知，为善去恶是格物”。所谓善恶者，以何为标准呢？凡做一事，发一念，其动机是否出于自私自利，即善恶之唯一标准。良知所知之善恶，就只知道这一点，而且这一点，除自己的良知之外，没有别人或别的方法能知得真切确实。然则这种标准对吗？我想完全是对的。试观凡人类的罪恶，小而自家庭细故，所谓“父借耰锄，动有德色；母取箕帚，立而谇语”，大而至于奸淫劫盗杀人放火，哪件不是从自私自利之一念发出来？其甚者为权势欲、为虚荣欲所驱使，“一将功成万骨枯”，不惜举千千万万人生命以殉所谓英雄豪杰者，一念中不可告人之隐。然且有奇衺之学说，以为之推波助澜。例如尼采辈所崇拜之“超人”的生活，主张利用民器，以他人作牺牲品，为自己成功之工具，谓为理所当然。阳明所谓“以若是之心志，而又讲之以若是之学术”，把人类兽性方面的本能尽情发挥，安得不率天下为禽兽呢？阳明痛心疾首于此种祸机，所以不能倡良知之教。他说：

> 后世良知之学不明，天下人用其私智以相比轧，是以人各有心，而偏琐僻陋之见，狡伪阴邪之术，至于不可胜说。外假仁义之名，而内以行其自私自利之实，诡辞以阿俗，矫行以干誉，掩人之善而袭以为己长，讦人之私而窃以为己直，忿以相胜而犹谓之徇义，险以相倾而犹谓之疾恶，妒贤忌能而犹自以为公是非，恣情纵欲而犹自以为同好恶。相陵相贼，自其一家骨肉之亲，已不能无尔我胜负之意，彼此藩篱之形。而况于天下之大，民物之众，又何能一体而视之？则亦无怪于纷纷藉藉，而祸乱相寻于无穷矣！仆诚赖天之灵，偶有见于良知之学，以为必由此而后天下可得而治。是以每念斯民之陷溺，则为之戚然痛心，忘其身之不肖，而思以此救之。（《答聂文蔚书》）

这段话真是一字一泪。阳明所以极力反对功利主义，所以极力提倡“致良知”，他那一片婆心，和盘托出给我们看了。我们若还相信这些话有相当价值，总可以感觉得到。这种专以自己为本位的人，学问少点，才具短点，作恶的程度也可以减轻点。若再加之以学问才具，天下人受其荼毒更不知所底极了。然而天下事到底是要靠有学问才具的人去做的。倘使有学问、有才具的人不能在自己心术上痛切下一番革命工夫，则这些人都是为天下造孽的人。天下的罪恶祸乱，一定相寻于无己。所以阳明对于当时的青年痛切警告道：

> 今天下事势，如沉疴积痿，所望以起死回生者，实有在于诸君子。若自己病痛未能除得，何以能疗天下之病！（《与黄宗贤书》）

当时一青年有自以为是好名之病，阳明屡屡责备他道：“此是汝一生大病根。譬如方丈地内，种此一大树，雨露之滋，土脉之力，只滋养得这个恶根。四旁纵要种些嘉谷，上面被此树遮蔽，下面被此树根盘结，如何生得长成？须是伐去此树，纤根勿留，方可种植嘉种。不然，任汝耕耘培壅，只是滋养此根。”（《传习录 · 陆澄记》）夫好名也是促进青年向上的一种动机，阳明何故深恶痛绝到如此？因为好名之心也是从自私自利出来，充这个念头所极，可以种种作伪、种种牺牲别人以为自己。所以真实做学问的人，非从这种罪恶根芽上廓清不可。

欲廓清自私自利的念头，除却致良知没有第二法门。因为心术隐微，只有自己的良知方能照察得出，阳明说：“人若不于此独知之处用力，只在人所共知处用功，便是作伪，便是‘见君子而后厌然’。此独知处便是诚的萌芽。此处不论善念恶念，更无虚假一是百是，一错百错，正是义利诚伪善恶界头。于此一立立定，便是正本澄源。古人为学工夫精神命脉全体，只在此处。”（《传习录·卷上》）所以他又说：“慎独即是致良知。”（《与黄勉之书》）

这样说来，“致良知”切实下手工夫，是不是专在消极的克己作用呢？不错，克己是致良知的重要条件，但不能认克己为消极作用。阳明说：“人须有为己之心，方能克己，能克己，方能成己。”（《传习录·卷上·答萧惠问》）这句话又怎样解呢？

我们想彻底了解他，要回复到他的“心物合一”论之哲学上的见解来。阳明固为确信心外无物、物外无心，灼然见得我身外之人们及天地万物，都是“真我”或“大我”的构成要素。因此得着“物我同体”的结论。前文已经说过了，既已如此，然则自私自利之心，强把人我分为两体，岂不是我的“真我”罹了车裂之刑吗？所以他说：“这心之本体，便是你的真己。你若真要为尔那体壳的己，也须用着这个真己，便须要常常保护这真己的本体。有一毫亏损他，便如刀割、如针刺，忍耐不过。必须去了刀，拔了针，才是为己之心，方能克己。”（《传习录·卷上·答萧惠问》）因此之故，克己工夫，非惟用不着强制执行，或者还可以说发于本能之不容自已。所以他说道：“凡慕富贵、忧贫贱、欣戚得丧、爱憎取舍之类，皆足以蔽吾良知之体，而窒塞其用。若此者，如明目之中而翳之以尘沙，聪耳之中而塞之以木楔也。其疾痛郁逆，将必速去之为快，而何能忍于时刻乎？”（《答南元善书》）克己本是一件极难的事，然而“见得良知亲切时，其工夫又自不难”（《与黄宗贤书》）。所谓见得亲切的，是见个什么？就是见出那物我为一痛痒相关的本体。这些话骤听着像是大言欺人，其实只是人生习见的事。例如慈母对于她的乳儿，青年男女对于他们的恋人，那种痛痒一体的意思何等亲切。几曾见有对于自己的恋人而肯要手段、玩把戏，牺牲对方的利益，以谋自利者？假使有这种念头偶然涌起，一定自己觉得有伤害爱情神圣的本体，立刻感到深切的苦痛，像目中尘、耳中楔一般，必拭去、拔去而后为快，是不是呢？但这种境界，在一般人只有慈母对乳儿、恋人对恋人才能发现。若大圣大贤，把天下国家看成他的乳儿，把一切人类看成他的恋人，其痛痒一体之不能自已，又何足怪？阳明以为，人类的本性原是如此，所有“间形骸而分尔我”者，都不过良知受蔽隔而失其作用。“致”的工夫，只是把良知麻木过去的那部分打些药针，令其恢复原状。一旦恢复之后，物我一体的感觉自然十分灵敏，哪里容得纤毫间隔，下手工夫又何难之有呢？所以《大学》说：“如好好色，如恶恶臭。”而阳明亦最喜引以为喻。他说：“从未见有过，好色的人要人强逼着才肯去好的。”（约《传习录》语）又说：“好色之人，未尝有痛于困忘者，只是一真切耳。”（《答周道通书》）由此观之，在致良知这个口号底下所用克己工夫，是积极的而非消极的了。

良知本体与功利主义之分别，《孟子》说得最明白：“凡人乍见孺子将入于井，皆有怵惕恻隐之心，非所以纳交于孺子之父母也，非所以要誉于乡党朋友也，非恶其声而然也。”乍见的恻隐，便是良知本体。纳交、要誉、恶其声等杂念，便是得丧毁誉关系，便是功利。

“致良知”工夫，最要紧是“非所以什么，非所以什么”。换句话说，一切行为，都是目的，不是手段。阳明说：

> 君子之学，求尽吾心焉尔。故其事亲也，求尽吾心之孝，而非以为孝也；事君也，求尽吾心之忠，而非以为忠也。是故夙兴夜寐，非以为勤也；剸繁理剧，非以为能也；嫉邪祛蠹，非以为刚也；规切谏诤，非以为直也；临难死义，非以为节也。吾心有不尽焉，是谓自欺其心；心尽而后，吾之心始自以为快也。惟夫求以自快吾心，故凡富贵贫贱、忧戚患难之来，莫非吾所以致知求快之地。苟富贵贫贱、忧戚患难而莫非吾致知求快之地，则亦宁有所谓富贵贫贱、忧戚患难者足以动其中哉！世之人徒见君子之于富贵贫贱、忧戚患难无入而不自得也，而皆以为独能人之所不可及，不知君子之求以自快其心而已矣。（《题梦槎奇游诗卷》）

这段话是“如好好色，如恶恶臭，此之谓自慊”那几句的详注。问，为什么要恶恶臭？为什么要好好色？谁也不能说出理由来。只是生理作用，非好好恶恶不能满足罢了。人生数十寒暑，勤勤恳恳乃至忍艰难、冒危险去做自己良心上认为应做的事。问，为什么？什么都不为。再问，只能答道为良心上的安慰满足。这种人生观，真是再逍遥自在不过的了，真是再亲切有味不过的了。回看功利主义者流，天天以“为什么，为什么”相号召，营营于得丧毁誉。过几十年患得患失的日子者，孰为有价值，孰就为无价值，我们可以知所别择了。[1]

以上所述，“致良知”的全部工夫大概都讲到了。但是，不能致良知的人，如何才会致起来呢？阳明以为，最要紧的是立志。孔子说：“为仁由己，而由人乎哉？”又说：“我欲仁，斯仁至矣。”阳明接见学者，常以此激励之。其在龙场，示诸生教条四章，首即立志。其在《传习录》中谆谆言此者，不下数十条。其示弟立志云：

> 君子之学，无时无处而不以立志为事。正目而视之，无他见也；倾耳而听之，无他闻也。如猫捕鼠，如鸡伏卵，精神心思，凝聚融结，而不复知有其他，然后此志常立。神气精明，义理昭著，一有私欲，即便知觉，自然容住不得矣。故凡一毫私欲之前，只责此志不立，即私欲便退听；一毫客气之动，只责此志不立，即客气便消除。或怠心生，责此志，即不怠；忽心生，责此志，即不忽；躁心生，责此志，即不躁；妒心生，责此志，即不妒；忿心生，责此志，即不忿；贪心生，责此志，即不贪；傲心生，责此志，即不傲；吝心生，责此志，即不吝。盖无一息而非立志责志之时，无一事而非立志责志之地。故责志之功，其于去人欲，有如烈火之燎毛，太阳一出，而魍魉潜消也。（《示弟立志说》）

---

① 阳明既排斥功利主义，当然也跟着排斥效率主义。他说：“圣贤只是为己之学，重工夫不重效验。”（《传习录·卷下》）

志是志个什么呢？阳明说：“要志在必为圣人。”他的门生萧惠问学，他说：“待汝办个真求为圣人的心再来与汝说。”（《传习录·卷上》）有一天，几位门生侍坐，阳明叹息道：“你们学问不得长进，只是未立志。”有一位名叫李珙的门生起而对曰：“我亦愿立志。”阳明说：“难说不立，未是必为圣人之志耳。”（《传习录·卷下》）这些话不知现代青年们听了觉得怎么样？我想，不是冷笑着以为迂而无用，便是惊骇着以为高不可攀。其实阳明断不肯说迂而无用的话，也断不肯说高不可攀的话。我们欲了解他的真意，请先看他对于“圣人”两字所下的定义。他说：

圣人之所以为圣，只是其心纯乎天理而无人欲之杂。犹精金之所以为精，但以其成色足而无铜铅之杂也。人到纯乎天理方是圣，金到足色方是精。然圣人之才力，亦有大小不同，犹金之分两有轻重。尧、舜犹万镒，文王、孔子犹九千镒，禹、汤、武王犹七八千镒，伯夷、伊尹犹四五千镒。才力不同，而纯乎天理则同，皆可谓之圣人；犹分两不同，而足色则同，皆可谓之精金。以五千镒者而入于万镒之中，其足色同也。以夷、尹而厕之尧、孔之间，其纯乎天理同也。盖所以为精金者，在足色，而不在分两；所以为圣者，在纯乎天理，而不在才力也。故虽凡人而肯为学，使此心纯乎天理，则亦可为圣人。犹一两之金，比之万镒，分两虽悬绝，而其到足色处，可以无愧。故曰‘人皆可以为尧舜’者以此。学者学圣人，不过是去人欲而存天理耳。犹炼金而求其足色，金之成色，所争不多，则锻炼之工省，而功易成。成色愈下，则锻炼愈难。人之气质，清浊粹驳，有中人以上、中人以下，其于道，有生知安行、学知利行，其下者必须人一己百、人十己千，及其成功则一。后世不知作圣之本是纯乎天理，却专去知识才能上求圣人，以为圣人无所不知、无所不能，我须是将圣人许多知识才能逐一理会始得之。故不务去天理上着工夫。徒弊精竭力，从册子上钻研，名物上考索，形迹上比拟。知识愈广，人欲愈滋，才力愈多，天理愈蔽。正如见人有万镒精金，不务锻炼成色，求无愧于彼之精纯，而乃妄希分两，务同彼之万镒，锡、铅、铜、铁，杂然而投。分两愈增，而成色愈下，及其梢末，无复有金矣。

（《传习录 · 答蔡希渊问》）

这番话可谓妙喻解颐。圣人中可以分出等第，有大圣人、小圣人，第一等、第二等圣人乃至第九十九等圣人，而其为圣人则一。我们纵使够不上做一万斤重的一等圣人，最少也可以做一两重、一钱重、一分重乃至一厘重的第九十九等圣人。做一厘重的九十九等圣人，比诸一万斤重的一等凡人或坏人，其品格却是可贵。孟子所谓“人皆可以为尧舜”，必要如此方解得通，否则成为大妄语了。

当时，有一位又聋又哑的人，名叫杨茂，求见阳明。阳明和他笔谈，问道：“你口不能言是非，你耳不能听是非，你心还能知是非否？”茂答：“知是非。”阳明说：“如此，你口虽不如人，你耳虽不如人，你心还与人一般。”茂首肯拱谢。阳明说：“大凡人只是此心，此心若能存天理，是个圣贤的心。口虽不能言，耳虽不能听，也是个不能言不能听的圣贤。心若不存天理，是个禽兽的心，口虽能言，耳虽能听，也只是个能言、能听的禽兽。”茂听了扣胸指天。阳明说：“……你但在里面行你那是的心，莫行你那非的心。纵使外面人说你是也不须管，说你不是也不须管。”（《谕泰和杨茂》）茂顿首拜谢。这段话虽极俚浅，却已把“致良知”彻始彻终工夫包括无遗。人人都有能知是非的心，只要就知之所及行那是的心不能行那非的心。虽口不能言、耳不能听，尚且不失为不能言、不能听的圣人。然则“圣人与我同类”，人人要做圣，人人便做圣人，有什么客气呢？至于或做个不识一字在街上叫化的圣人，或做个功被天下师表万世的圣人，这却是量的分别，不是质的分别。圣人原是以质计不以量计的。阳明教学者要先办个必为圣人之志，所办办此而已。

这样看来，阳明“致良知”之教，总算平易极了，切实极了。然则后来王学末流，为什么会堕入空寂为后世诟病呢？原来阳明良知之说，在哲学上有很深的根据。即如前章所述，他说：“心之本体便是知。”所谓“见得良知亲切”者，即是体认本体亲切之谓。向这里下手，原是一了百了的绝妙法门，所以阳明屡屡揭此义为学者提掇。但他并非主张“一觉之后无余事”者，所以一面直提本体，一面仍说“省察克治之功无时而可已”。而后之学者，或贪超进，或惮操持，当然会发生出近于禅宗之一派。此亦学术嬗变上不可逃避之公例也。钱绪山说：“师既殁，音容日远，吾党如各以己见立说。学者稍见本体，即好为径超顿悟之说，无复有省身克治之功。谓‘一见本体，超圣可以跂足’，视师门诚意格物、为善去恶之旨，皆相鄙以为第二义。简略事为，言行无顾，甚者荡灭礼教，犹自以为得圣门之最上乘。噫！亦已过矣。”（《〈大学〉问·跋》）王学末流，竟倡“现成良知”之说，结果知行不复合一，又陷于“知而不行只是不知”之弊，其去阳明之本意远矣。[1]

① 本讲选自台湾中华书局1926年出版的《王阳明知行合一之教》。

/第五讲/

吕思勉·阳明之学

阳明之宇宙观

阳明之学，盖远承象山之绪。而其广大精微，又非象山所及。

一种哲学，必有其特异之宇宙观及人生观。此理前已言之。阳明之学，虽不能离乎宋儒，而别为一学。然以佛教譬之，固卓然立乎程、朱之外，而自成一宗者矣。其宇宙观及人生观，果有以特异于程朱乎？曰：“有。”

宋学至朱子而集其大成。其异乎朱子者，如陆子，则当阳明时，其说不甚盛行。故朱子之学，在当时，实宋学之代表也。朱子以宇宙之间，有形迹可指目想象者，皆名为气；而别假设一所以然者，名之曰理。形迹之已然者，不能尽善；然追溯诸未然之时，固不能谓其必当如是。故以理为善，凡恶悉委诸气。本此以论人，则人人可以为善，而未必人人皆能为善。其可以为善者理，使之不能为善者气也。于是分性为义理、气质两端。义理之性，惟未生时有之；已堕形气之中，则无不杂以气质者。人欲为善，必须克去其气质之偏，使不为天理之累而后可。朱子论理气及人性之说如此。

阳明之说则不然。阳明以理、气为一，谓：“理者，气之条理；气者，理之运用。无条理，固不能运用；无运用，亦无所谓条理矣。”然则所谓理与气者，明明由人之观念，析之为二，在彼则实为一物也。然则理不尽善，气亦不尽善乎？曰：“不然。”理者，气之流行而不失其则者也。春必继以夏，秋必继以冬，此即气之流行之则，即是理，纯粹至善者也。其流行之际，不能无偶然之失。则如冬而燠，夏而寒，是为愆阳伏阴。愆阳伏阴，卒归于太和。可见流行虽有偶差，主宰初未尝失。主宰之不失，即至善也。（阳明门下，论理气合一最明白者，当推罗整庵。整庵之说曰：“通天地，亘古今，无非一气而已。气本一也，动静往来，阖辟升降，循环无已。积微而著，由著复微。为四时之温凉寒暑，为万物之生长收藏，为斯民之日用彝伦，为人事之成败得失。千条万绪，纷纭轇轕，而卒不克乱，莫知其所以然而然。是即所谓理也。初非别有一物，依于气而立，附于气以行。或因易有太极之说，乃疑阴阳之变易，类有一物主宰乎其间，是不然矣。”而“理者气之条理”之说，虽畅发于阳明，实亦道原于宋儒。张子谓“虚空即气”“天地之气，虽聚散攻取百途，然其为理也，顺而不妄”；程子谓“天地之化，一息不留。疑其速也，然寒暑之变甚渐”；朱子曰“有个天理，便有个人欲。盖缘这天理有个安顿处。才安顿得不恰好，便有个人欲出来”。皆阳明之说之先河也。）

推此以论人，则气即心，理即性。心与性之不可歧而为二，犹理与气之不可歧而为二也。宇宙全体，无之非气，即无之非理。人禀气以生，即禀理以生也。人心千头万绪，感应纷纭而不昧。其感应，流行也；其不昧，主宰也。感应不能无失，犹气之流行，不能无愆阳伏阴。其终能觉悟其非，则即其主宰之不昧也。故理善气亦善，性善心亦善。（上知下愚，所禀者同是一气。然一知一愚者，上知所禀之气清，下愚所禀之气浊也。同一气也，而有清浊之分，何也？曰："气不能无运行，运行则有偏胜杂糅之处。有偏胜杂糅，斯有清浊矣。然论其本，则同是一气。恶在偏胜杂糅，不在气也。故气不可谓之恶，故曰性善。"宋儒以人之不善，归咎于气质。阳明则归咎于习。所谓习者，非有知识后始有，并非有生后始有，禀气时即有之。气之偏胜，即习之所从出也。如仁者易贪，知者易诈，勇者易暴，其仁即圣人之仁，其知即圣人之知，其勇即圣人之勇。以其所禀者，与圣人同是一气也。其所以流于贪、诈、暴者，则以其气有偏胜故。此当学以变化之。惟虽有偏胜，而其本质仍善，故可变化。若其质本恶，则不可变矣。阳明之说如此，实亦自宋儒之说一转手耳。失在流行，不在本体，故只有过不及，无恶。）

气之流行而不失其则者，理也；心之感应而不昧其常者，性也。理与气非二，则性与心非二。欲知气之善，观其流行而不失其则，则知之矣；欲求心之善，于其感应之间，常勿失其主宰，即得之矣。此主宰，即阳明之所谓知也。而"致良知"之说以立。

“良知”之说

夫谓良知即人心之主宰者，何也？阳明以天地万物为一体。其言曰：“自其形体而言谓之天，自其主宰而言谓之帝，自其流行而言谓之命，自其赋于人而言谓之性，自其主于身而言谓之心。心之发谓之意，意之体谓之知，其所在谓之物。”盖宇宙之间本无二物，我之所禀以生者，即宇宙之一部分，其原质，与天地万物无不同。（故曰：“人与天地万物一体，非以天地万物为一体也。”阳明之言曰：“人的良知，就是草木瓦石的良知。岂惟草木瓦石，天地无人的良知，亦不可为天地矣。盖天地万物与人原是一体。其发窍之最精处，是人心一点灵明。故五谷禽兽之类，皆可以养人；药石之类，皆可以疗疾。只为同此一气，故能相通耳。”钱绪山曰：“天地间只有此知。天只此知之虚明；地只此知之凝聚；鬼神只此知之妙用；日月只此知之流行；人与万物，只此知之合散；而人只此知之精粹也。此知运行，万古有定体，故曰太极；无声臭可即，故曰无极。”欧阳南野曰：“道塞乎天地之间，所谓阴阳不测之神也。神凝而成形，神发而为知。知也者，神之所为也。神无方无体。其在人，为视听，为言动，为喜怒哀乐；其在天地万物，则发育峻极。故人之喜怒哀乐，与天地万物，周流贯彻，而无彼此之间。”阳明之学，于一元之论，可谓发挥尽致矣。）而此原质，自有其发窍最精之处。此处即我之心。心也，意也，知也，同物而异名。故用力于知，即用力于心；而用力于心，即用力于造成我之物质发窍最精之处也。此“致良知”之说所由来也。

不曰用力于心，而曰用力于知者，何也？曰：“心、意、知同体不离。舍意则无以见心，舍知则无以见意也。”故曰：“心无体，以知为体。”然知亦非能离所知而独存也。故曰：“知无体，以感应是非为体。”又曰：“心之本体至善，然发于意则有善有不善。”此犹主宰虽是，而流行之际，不能无差也。意虽有善有不善，“然知是知非之知，未尝不知”。则犹流行偶差，而主宰常存也。心之体，既必即意与知而后可见，则欲离意与知而用力于心者，自系邪说淫辞。故曰：“欲正心者，本体上无可用功。必就其发动处著力。知其是而为之，知其非而不为，是为致知。知至则意诚，意诚则心正，心正则身修。”故曰：“大学之要，在于诚意；诚意之功，在于格物；诚意之极，厥惟止至善也。”阳明之学之纲领如此。

“格物”

所谓格物者，非谓物在外而以吾心格之也。意之所在，谓之物。故曰：“意在于事亲。事亲便是一物。意在于事君，事君便是一物。意在于仁民爱物，仁民爱物，便是一物。意在于视听言动，视听言动，便是一物。”意之所在谓之物何也？曰：“一念未萌，则万境俱寂。念之所在，境则随生。如念不注于目前，则泰山觌面而不睹；念苟注于世外，则蓬壶遥隔而成象”矣。（塘南之言）盖知者能知，物者所知。所之不能离能，犹能之不能离所也。故曰：“无心外之理，无心外之物。”故理一者，在我之主宰；分殊者，主宰之流行。故曰：“物之无穷，只是此心之生生”而已。故无所谓物之善不善，只有此心之正不正也。（塘南曰：“事之体，强名曰心；心之用，强名曰事。其实只是一件，无内外彼此之分也。故未有有心而无事，有事而无心者。故充塞宇宙，皆心也，皆事也，皆物也。”又曰：“心常生者也。自其生生而言，即谓之事。心无一刻不生，即无一刻无事。

事本心，故视听言动，子臣弟友，辞受取予，皆心也。洒扫应对，便是形而上者。学者终日乾乾，只默识此心之生理而已。时时默识，内不落空，外不逐物，一了百了，无有零碎本领之分也。”又曰：“盈天地间皆物也，何以格之？惟以意之所在为物，则格物之功，非逐物，亦非离物也。至博而至约矣。”尤西川《格训通解》曰：“阳明格物，其说有二。曰：‘知者意之体，物者意之用。如意在于事亲，即事亲为一物。只要去其心之不正，以全其本体之正。故曰：“格者正也。”’又曰：‘致知在格物者，致吾心之良知于事事物物。致吾心之良知于事事物物，则事事物物皆得其理矣。致吾心之良知者，致知也。事事物物，皆得其理者，物格也。’前说似专举一念，后说则并举事物，若相戾者。然性无内外，而心外无物，二说只一说也。”西川，名时熙，字季美，洛阳人。）

流行、主宰即是一事。主宰即见于流行之中。非离乎流行，而别有其寂然不动之一时也。故心之动静，亦非二时。欲正心者，必动静皆有事焉。阳明曰：“太极生生之理，妙用无息，而常体不易。太极之生生，即阴阳之生生。就其生生之中，指其妙用无息者，而谓之动，谓之阳之生，非谓动而后生阳也。指其常体不易者，而谓之静，谓之阴之生，非谓静而后生阴也。若静而后生阴，动而后生阳，则是阴静阳动，截然各自为一物矣。”此就宇宙言也。推诸吾心亦如此。故曰：“心无动静者也。其静也者，以言其体也；其动也者，以言其用也。故君子之学，无间于动静。其静也，常觉而未尝无也，故常应；其动也，常定而未尝有也，故常寂。常应、常寂，动静皆有事焉，是之谓集义。所谓动亦定，静亦定者也，心一而已。静其体也，而复求静根焉，是挠其体也；动其用也，而惧其易动焉，是废其用也。故求静之心即动也，恶动之心非静也。是之谓动亦动，静亦动。故循理之谓静，从欲之谓动。”阳明正心之说，皆自其宇宙观来。故曰：“必有新宇宙观，而后有新人生观。人生观与宇宙观，实不容分析为二也。”（阳明曰：“告子只在不动心上著功。孟子便真从此心原不动处分晓。心之本体，原是不动的。只为所行有不合义，便动了。孟子不论心之动不动，只是集义。所行无不是义，此心自然无可动处。”《传习录》云：“无善无恶者，理之静；有善有恶者，气之动。不动于气，即无善无恶，是为至善。曰：‘佛氏亦无善无恶，何以异？’曰：‘佛氏著在无上，便一切不管。圣人无善无恶，只是无有作好，无有作恶。不作好恶，非是全无好恶。只是好恶一循于理，不去著一分意思，即是不曾好恶一般。’曰：‘然则好恶全不在物？’曰：‘只在汝心。循理便是善，动气便是恶。世儒惟不知此，舍心逐物，将格物之学错看了。’”）

阳明之学虽极博大精微，然溯其源，则自“心即理”一语来而已。故曰：“阳明之学，远承象山之绪也。然其广大精微，则实非象山所及。此亦创始者难为功，继起者易为力也。”

人心不能无妄动。然真、妄原非二心，故苟知其妄，则妄念立除，而真心此即立现。故曰：“照心非动者，以其发于本体明觉之自然，而未尝有所动也。妄心亦照者，以其本体明觉之自然者，未尝不存于其中，但有所动耳。无所动即照矣。”夫妄心之所以能觉者，以良知无时而不在也。故曰：“七情顺其自然之流行，皆是良知之用。但不可有所著。七情有著，俱谓之欲。”（有著即所谓动也。阳明又曰：“理无动者也，动即为欲。”然“才有著时，良知亦自会觉。觉即蔽去，复其本体矣。此处能看得破，方是简易透彻工夫。”又曰：“虽妄念之发，而良知未尝不在。但人不知存，则有时而或放耳。虽昏塞之极，而良知未尝不明。但人不知察，则有时而或蔽耳。”又曰：“良知无过不及，知过不及的是良知。”夫如是，则为善去恶之功，实惟良知是恃。故曰：“一点良知，是尔自家的准则。是便知是，非便知非，更瞒他一些不得。尔只不要欺他，实实落落，依他做去，善便存，恶便去。何等稳当？此便是致知的实功。”）

人心虽动于妄，而良知未尝不知。故致知之功，实大可恃。良知虽无时不存，而不能不为物欲所蔽，故致知之功，必不容缓。以良知为足恃，而遂忘致之之功，则所谓良知，亦终为物欲所蔽耳。故曰：“良知之发，更无私意障碍，即所谓充其恻隐之心，而仁不可胜用。常人不能无私意，所以须用致知格物之功。”又曰：“知得善，却不依这个良知便做去。知得不善，却不依这个良知，便不去做。这个良知，便遮蔽了。”又曰：“天理即是良知。良知愈思愈精明。若不精思，漫然随事应去，良知便粗了。”然“学以去其昏蔽，于良知之本体，初不能有加于毫末”，此义亦不可不知。

知是知非之良知，不能致即将昏蔽，于何验之？曰：“观于人之知而不行，即知之矣。盖良知之本体，原是即知即行。苟知之而不能行，则其知已非真知，即可知其为物欲所蔽矣。”徐爱问：“今人尽有知父当孝、兄当悌，却不能孝、不能悌，知行分明是两件。”曰：“此已被人欲间断，不是知行本体。未有知而不行者。知而不行，只是未知。圣贤教人知行，正是要复那本体。故《大学》指个真知行与人看，说‘如好好色，如恶恶臭’。见好色属知，好好色属行。只见好色时，已自好了；不是见后，又立个心去好。闻恶臭属知，恶恶臭属行。只闻恶臭时，已自恶了；不是闻后，别立个心去恶。”（龙溪曰：“孟子说孩提之童，无不知爱其亲；及其长也，无不知敬其兄。止曰知而已。知便能了，更不消说能爱能敬。”）知是行的主意，行是知的工夫；知是行之始，行是知之成。若会得时，只说一个知，已自有行在；只说一个行，已自有知在。（故曰：“知之真切笃实处便是行，行之明觉精察处便是知。”龙溪曰：“知非见解之谓，行非履蹈之谓，只从一念上取证。”）古人所以既说知，又说行者？只为世间有一种人，懵懵懂懂，任意去做，全不解思维省察，只是个冥行妄作。所以必说个知，方才行得是。又有一种人，茫茫荡荡，悬空去思索，全不肯着实躬行，只是个揣摩影响。所以必说一个行，方才知得真。此是古人不得已补偏救弊的话。”“此已被私欲间断，不是知行本体”一语最精。“好好色”“恶恶臭”之喻尤妙。“见好色时，已是好了，不是见后，又立个心去好；闻恶臭时，已自恶了，不是闻后，别立个心去恶。”人之所知，一切如此，岂有知而不行之理？见好色而强抑其好之之心，闻恶臭而故绝其恶之之念，非有他念不能然。此即所谓间断也。良知之有待于致，即欲去此等间断之念而已矣。

真知未有不行者。知而不行，只是未知。故欲求真知，亦必须致力于行。此即所谓致也。故曰：“人若真切用功，则于此心天理之精微，日见一日；私欲之细微，亦日见一日。若不用克己功夫，天理私欲，终不自见。如走路一般，走得一段，方认得一段；走到歧路，有疑便问；问了又走，方才能到。今于已知之天理不肯存，已知之人欲不肯去，只管愁不能尽知，闲讲何益？”

知行既系一事，则不知自无以善其行。阳明曰：“今人学问，只因知行分作两件。故有一念发动，虽是不善，却未曾行，便不去禁止。我今说个知行合一，正要人晓得一念发动处，便即是行，就将这不善的念克倒，不使那一念不善，潜伏在胸中。”人之为如何人，见于著而实积于微。知者行之微，行者知之著者耳。若于念虑之微，不加禁止，则恶念日积，虽欲矫强于临时，必不可得矣。《大学》曰：“小人闲居为不善。见君子，而后厌然。掩其不善，而著其善。人之视己，如见其肺肝然，则何益矣？此谓诚于中，形于外，故君子必慎其独也。”正是此理。凡事欲仓促取办，未有能成者。非其事之不可成，乃其败坏之者已久也。然则凡能成事者，皆非取办于临时，乃其豫之者已久也。欲求豫，则必谨之于细微；欲谨之于细微，则行之微（即知）有不容不措意者矣。故非知无以善其行也。故曰：“知行是一也。”

“知行合一”之理

“知行合一”之理，固确不可易。然常人习于二之之既久，骤闻是说，不能无疑。阳明则一一释之。其说皆极精当。今录其要者如下：

> 徐爱问：“至善只求诸心，恐于天下事理，有不能尽。”（先生）曰：“心即理也。此心无私欲之蔽，即是天理。不须外面添一分。以此纯乎天理之心，发之事父便是孝；发之事君便是忠；发之交友治民便是信与仁。……”爱曰：“……如事父一事，其间温凊定省之类，有许多节目，不知亦须讲求否？”（先生）曰：“如何不讲求？只是有个头脑，只就此心去人欲存天理上讲求。……此心若无人欲，纯是天理。是个诚于孝亲之心，冬时自然思量父母寒，自去求个温的道理；夏时自然思量父母热，自去求个清的道理。……譬

之树木。这诚孝的心便是根；许多条件，便是枝叶。须先有根，然后有枝叶。不是先寻了枝叶，然后去种根。”

阳明此说，即陆子所谓先立乎其大者也。“温凊定省之类，有许多节目”，最为恒人所质疑。得此说而存之，而其疑可以豁然矣。（阳明曰：“圣人无所不知，只是知个天理。无所不能，只是能个天理。天下事物，如名物度数、草木鸟兽之类，不胜其烦。虽是本体明了，亦何缘能尽知。但不必知的，圣人自不消求知。其所当知者，圣人自能问人。知得一个天理，便自有许多节文度数出来。”此说与朱子“生而知之者义理，礼乐名物，必待学而后知”之说，似亦无以异。然朱子谓人心之知，必待理无不穷而后尽。阳明则虽名物度数之类，有所不知，而仍不害其为圣人。此其所以为异也。）

枝叶条件，不但不必豫行讲求也，亦有无从豫行讲求者。阳明曰：“良知之于节目事变，犹规矩尺度之于方圆长短也。节目事变之不可豫定，犹方圆长短之不可胜穷也。舜之不告而取，岂舜之前，已有不告而取者，为之准则邪？抑亦求诸一念之良知，权轻重之宜，不得已而为此邪？武之不葬而兴师，岂武之前，已有不葬而兴师者，为之准则邪？抑亦求诸一念之良知，权轻重之宜不得已而为此邪？后之人不务致其良知，以精察义理于此心感应酬酢之间，顾欲悬空讨论此等变常之事，执之以为制事之本，其亦远矣。”悬空讨论变常之事愈详，则致其良知之功愈荒。致其良知之功愈荒，则感应酬酢之间，愈不能精察义理。以此而求措施之悉当，是却行而求及前人也。故曰：“在物为理，处物为义，在性为善，因所指而异其名，其实皆吾之心也。吾心之处事物，纯乎天理，而无人欲之杂，谓之善。非在事物上有定则可求也。”（又曰：“良知自然的条理，便谓之义；顺这个条理，便谓之礼；知这个条理，便谓之智；终始这个条理，便谓之信。”）

学所以求是也。以良知为准则，以其知是知非也。今有二人于此，各准其良知，以断一事之是非，不能同也。而况于多人乎？抑且不必异人，即吾一人之身，昨非今是之事，亦不少也。良知之知是知非，果足恃乎？阳明曰：“凡处得有善有未善，及有困顿失次之患，皆是牵于毁誉得丧，不能实致其良知耳。实致其良知，然后知平日所谓善者，未必得善。”或谓心所安处是良知。阳明曰：“固然。但要省察，恐有非所安而安者。”又谓：“人或意见不同，还是良知有纤翳潜伏。”此说与伊川“公则一，私则万殊。人心不同如面，只是私心”之说，若合符节。盖良知虽能知是知非，然恒人之良知，为私欲蒙蔽已久，非大加省察，固未易灼见是非之真也。

然则现在之良知，遂不足为准则乎？是又不然。恒人之良知，固未能造于其极，然亦皆足为随时之用。如行路然。登峰造极之境，固必登峰造极而后知。然随时所见，固亦足以定随时之程途也。故曰：“我辈致知，只是各随分限所及。今日良知见在如此，便随今日所知扩充到底。明日良知又有开悟，便随明日所知扩充到底。”故曰：“昨以为是，今以为非；己以为是，因人而觉其非，皆良知自然如此。”有言童子不能格物，只教以洒扫应对。曰：“洒扫应对就是物。童子良知，只到这里，教去洒扫应对，便是致他这一点良知。我这里格物，自童子以至圣人，皆是此等工夫。”真可谓简易直截矣。

致知既以心为主，则必使此心无纤毫障翳而后可。随时知是知非，随时为善去恶，皆是零碎工夫，如何合得上本体？此则贤知者之所疑也。阳明亦有以释之。黄以方问："先生格致之说，随时格物以致其知，则知是一节之知，非全体之知也，何以到得溥博如天、渊泉如渊地位？"曰："心之本体，无所不该，原是一个天。只为私欲障蔽，则天之本体失了。心之理无穷尽，原是一个渊。只为私欲窒塞，则渊之本体失了。如念念致良知，将此障蔽、窒塞，一齐去尽，则本体已复，便是天渊了。"因指天以示之曰："如面前所见，是昭昭之天。四外所见，亦只是昭昭之天。只为许多墙壁遮蔽，不见天之全体。若撤去墙壁，总是一个天矣。于此便见一节之知，即全体之知；全体之知，只一节之知。总是一个本体。"盖零碎工夫皆系用在本体上。零碎工夫，多用得一分，即本体之障蔽；多去得一分，及其去之净尽，即达到如天如渊地位矣。此"致良知"之工夫，所以可在事上磨炼也。

概　述

以上皆阳明所以释致良知之疑者。统观其说，精微简捷，可谓兼而有之矣。梨洲曰：“先生闵宋儒之后，学者以知识为知。谓人心之所有者，不过明觉，而理为天地万物之所公共。必穷尽天地万物之理，然后吾心之明觉，与之浑合而无间。说是无内外，其实全靠外来闻见，以填补其灵明。先生以圣人之学，心学也。心即理也。故于格物致知之训，不得不言致吾心之良知于事事物物。则事事物物，皆得其理。以知识为知，则轻浮而不实，故必以力行为工夫。良知感应神速，无有等待；本心之明即知，不欺本心之明即行也，不得不言知行合一。”龙溪曰：“文公分致知格物为先知，诚意正心为后行，故有游骑无归之虑。必须敬以成始，涵养本原，始于身心有所关涉。若知物生于意，格物正是诚意工夫，诚即是敬，一了百了，不待合之于敬，而后为全经也。”蕺山曰：“朱子谓必于天下事物之理，件件格过，以几一旦豁然贯通。故一面有存心，一面有致知之说。非存心无以致知，而存心又不可以不致知。两事递相君臣，迄无把柄，既已失之支离矣。至于存心之中，分为两条：曰静而存养，动而省察。致知之中，又复分为两途：曰生而知之者义理，礼乐名物，必待学而后有以验其是非之实。安往而不支离也？”此朱学与王学之异也。

“良知”之说，以一念之灵明为主。凡人种种皆可掩饰，惟此一念之灵明，决难自欺。故阳明之学，进德极其勇猛，勘察极其深切。阳明尝谓“志立而学半”。又谓“良知上留得些子别念卦带，便非必为圣人之志”。又曰：“凡一毫私欲之萌，只责此志不立，则私欲即退；听一毫客气之动，只责此志不立，则客气便消除。责志之功，其于去人欲，有如烈火之燎毛，太阳一出，而魍魉潜消也。”此等勇猛精进之说，前此儒者，亦非无之。然无“致良知”之说，以会其归，则其勘察，终不如阳明之真凑单微，鞭辟入里；而其克治，亦终不如阳明之单刀直入，凌厉无前也。阳明之自道曰：“赖天之灵，偶有悟于良知之学，然后悔其向之所为者，固包藏祸机，作伪于外，而心劳日拙者也。十余年来，虽痛自洗剔创艾，而病根深痼，萌蘖时生。所幸良知在我，操得其要，譬犹舟之得舵，虽惊风巨浪，颠沛不已，犹得免于倾覆者也。”《寄邹谦之书》包藏祸机，谁则能免？苟非以良知为舵，亦何以自支于惊风巨浪之中乎？良知诚立身之大柄哉？

“心即理”一语，实为王学骊珠。惟其谓心即理，故节文度数，皆出于心，不待外求，心本明即知无不尽；亦惟其谓心即理，故是非善恶，皆验诸心；隐微之地有亏，虽有惊天动地之功，犹不免于不仁之归也。阳明曰：“世人分心与理为二，便有许多病痛。如攘夷狄、尊周室，都是一个私心，便不当理。人却说他做得当理，只心有未纯。往往慕悦其所为，要来外面做得好看，却与心全不相干。分心与理为二，其流至于霸道之伪而不自知。故我说个心即理。要使知心理是一个，便来心上做工夫，不去袭取于义，便是王道之真。”阳明此说，即董子“正其义不谋其利，明其道不计其功”之真诠。持功利之说者，往往谓无功无利，要道义何用？又安得谓之道义？殊不知功利当合多方面观之，亦当历长时间而后定。持“功利”之说者之所谓功利，皆一时之功利，适足贻将来以祸患。自持道义之说者观之，将来之祸患，皆其所自招；若早以道义为念，则此等祸害，皆消弭于无形矣。佛所以喻世俗之善为“如以少水，而沃冰山，暂得融解，还增其厚”也。“功利”之说与“良知”之说最不相容，故阳明辟之甚力。阳明之言曰：“圣人之学，日远日晦；功利之习，愈趋愈下。其间虽尝瞽惑于佛老，卒未有以胜其功利之心；又尝折衷于群儒，亦未有以破其功利之见。”可谓深中世人隐微深痼之病矣。今之世界，孰不知其罪恶之深？亦孰不知其祸害之烈？试问此罪恶祸害，何自来邪？从天降邪？从地出邪？非也。果不离因，仍不得不谓为人所自为。人何以造此罪恶？成此祸害？则皆计一时之功，而不计久远之功；图小己之利，而不顾大我之利为之也。此即所谓功利之见也。惟举世滔滔，皆鹜于功利之徒，故随功利而来之祸害，日积月累而不可振救。阳明之言，可谓深得世病之症结矣。

“学不至于圣人，终是自弃”，为学者诚皆当有此志。然人之才力，天实限之。谓人人可以为圣人，验诸事实，终是欺人之语。此所以虽有困知勉行，及其成功一也之说，仍不能使人自奋也。阳明谓圣人之所以为圣，在其性质而不在其分量。此说出，而后圣人真可学而至。实前古未发之论也。阳明之言曰："圣人之所以为圣，只是其心纯乎天理，而无人欲之杂。犹精金之所以为金，但以其成色足而无铜铅之杂也。圣人之才力，亦有大小不同，犹金之分两有轻重。所以为精金者，在足色而不在分两。故凡人而肯为学，使此心纯乎天理，则亦可以为圣人。后世不知作圣之本，却专在知识才能上求圣人。以为圣人无所不知，无所不能，我须是将圣人许多知识才能，逐一理会始得。不务去天理上著工夫。徒弊精竭力，从册子上钻研，名物上考索，形迹上比拟。知识愈广，而人欲愈滋；才力愈多，而天理愈蔽。正如见人有万镒精金，不务锻炼成色，无愧彼之精纯。而乃妄希分两，务同彼之万镒。锡铅铜铁，杂然而投。分量愈增，成色愈下。及其梢末，无复有金矣。"又曰："后儒只在分两上较量，所以流入功利。若除去了比较分两的心，各自尽著自己力量精神，只在此心纯乎天理上用功。即人人自有，个个圆成。便能大以成大，小以成小。不假外慕，无不具足。此便是实实落落，明善诚身的事了。"阳明此说，亦从心即理上来。盖惟其谓心即理。故全乎其心，即更无欠缺。非如谓理在心外者，心仅有其灵明，必格尽天下之物，乃于理无不尽，而克当圣之目也。（阳明又曰："良知人人皆有，圣人只是保全，无些子障蔽。兢兢业业，亹亹翼翼，自然不息，便也是学。只是生的分数多，所以谓之生知安行。众人自孩提之童，莫不完具此知。只是障蔽多。然本体之知自难泯息。虽问学克治，也只凭他。只是学的分数多，所以谓之学知利行。"）

阳明与程、朱之异，乃时会为之，不必存入主出奴之见也。盖自周子发明"以主静立人极"，而人生之趋向始定。程子继之，发明

“涵养须用敬，进学在致知”，而求静之方始明。夫所谓静者，即今所谓合理而已。人如何而能合理？第一，当求理无不明。第二，当求既明理，又不致与之相违。由前之说，所谓进学在致知；由后之说，则所谓涵养须用敬也。求合理之初步，自只说得到如此。逮其行之既久，然后知事物当然之理，虽若在于外物，实则具于吾心。理有不明，实由心之受蔽。欲求明理，亦当于心上用功。正不必将进学涵养，分为两事也。此非程朱之说，行之者众，体验益深，不能见到。故使阳明而生程朱之时，未必不持程朱之说；使程朱而生阳明之时，亦未必不持阳明之说。为学如行修途，后人之所行，固皆继前人而进也。此理非阳明所不知。顾乃自撰《朱子晚年定论》，以治人口实。则以是时朱子之学方盛行，说与朱子相违，不易为人所信，故借此以警觉世人。且阳明理学家，非考据家；岁月先后，考核未精，固亦不足为阳明病也。（《朱子晚年定论》者，阳明龙场悟后之作。辑朱子文三十四篇，皆与己说相合者。谓朱子晚年之论如此；《四书章句集注》《四书或问》等，其中年未定之论也。当时罗整庵即诒书辩之，谓所取朱子《答何叔京》四通，何实卒于淳熙乙未，后二年丁酉，而《论孟集注》始成。后陈建撰《学蔀通辨》，取朱子之说，一一考核其岁月，而阳明之误益见矣。然阳明《答罗整庵少宰书》，亦已自承岁月先后，考之未精；谓意在委曲调停，不得已而为此也。罗整庵，名钦顺，字允升，泰和人。陈建，字廷肇，号清澜，东莞人。）①

① 本讲选自商务印书馆1931年出版的《理学纲要》。

／第六讲／

高濑武次郎·阳明学说

心即理

陆象山与王阳明的关系

王阳明的学说其实是沿袭自陆象山，两者之间有着很多的共同点，尤其是“心即理”，很多东西都是从陆象山处得来。陆学中的最重要的部分是“心即理”，换言之，陆象山的学说其实就是在“心即理”的基础上构建起来的。而且，王阳明的学说其实也是在“心即理”这一基础上构建起来的。所以说，如果我们了解了王阳明的“心即理”的话，那对陆象山的整个学说的要旨也就基本了解了。但是，由于陆象山和王阳明所处的时代以及彼此的经历不同，所以在阐述其学说时所用的一些词汇出现了差异。

“心即理”的含义

首先，我想先介绍一下“心即理”这一词汇的意思。“心即理”

也被称为“心理合一”，指的是心就是理，即心中具有理，也可以说成理就存在于心中，或者是要向心内求理，或者是心外无理。说法不同，其实意思都是一样的。

在中国的哲学中，“理”具有标准、法则和至善之意，因而“心即理”其实就是指我们的内心已经具有为人处世的标准。正因为我们所有行为的标准在心内都已经具备，所以只要向心内去寻求处事的法则就足够了。

但是，“心即理”和二加二等于四这样定理性的东西还不一样，很多情况下它并不能很好地成为处事的标准。这也正是陆象山和王阳明为什么要将心分为“本心”和“邪心”的原因，“本心”指的是良知、良能，而“邪心”指的则是私心。心固然只有一个，但它却不能保证每时每刻都在正途，一旦陷入邪路，心就变成了私心，也就失去了处事的标准。但不管怎么说，心的本体都是公正良好的，而私心则是受外物的诱惑而产生的。古往今来，描述本心和私心的术语大致如下图所示：

道心、天理、本心、正欲、公欲、良心、良知、仁义之心、本然之性

人心、人欲、私心、邪欲、私欲、放心（陷溺心）、物欲、利欲之心、气质之性

如果参考佛教中的真如、佛性、无明和烦恼这些词汇来看，上图中列出的上面与下面的词汇也都是彼此对应的。上面所使用的词汇都是人心中神圣与高尚的部分，而下面所使用的词汇则都是低劣与污浊

的部分，两者之间是完全相反的。人心具有神圣与高尚的一面，但如果继续向深处挖掘，会发现人心深处又有很多劣等的接近于禽兽的私欲。其实不用我说，我相信每个人也都会发现自己心中有一些难以启齿的低级的东西。因此说，每个人心中都有公心与私心，我们需要做的就是消灭私心，唤起公心。

陆象山和王阳明所谓的“心即理”其实指的是“本心即良知”，只有本心才能成为处事的标准，其中并不包含邪心，即不包含私心。所以说，“心即理”和二加二等于四这样放之四海而皆准的定理并不一样。

如果说得简单一点，其实就是世人误解了“心即理”的本义，将“本心”与“私心”混杂在了一起，将它们都视为了理，待其产生了不好的后果后，又将其怪罪于陆象山和王阳明。“心即理”并不是由着自己的私心去放纵邪姿淫欲，那些放纵之徒不仅违反了陆象山和王阳明的本意，而且还会流毒于社会。但遗憾的是，现在不仅一些浅学之徒由着自己的私欲去放纵，就连一些被称为名家的人也曲解了陆象山和王阳明的本意，并借此去诬陷陆象山和王阳明。归根结底，这其实都怪他们对陆象山和王阳明的学说研究不够所致。

“心即理”与“即物穷理”

王阳明所主张的“心即理”和朱熹所主张的“即物穷理”互不相容。朱熹认为，世间一切事物都具有各自之理，故需要凭借经验去一一探究世间万物之理。换言之，无论是我们日常所做的事情，还是一草一木，他们都各含其理，我们必须一一探求其理，然后才能将探求到的理作为自己知识的积累。例如忠君孝亲，我们必须首先通过书籍或者师友了解到什么是忠，什么是孝，然后才能付诸实践。所以说，朱熹的“格物穷理说”坚持的是心外有理。

但是，王阳明并不这么认为。他认为根本没有必要去探究世间万物之理，万物之理其实就存在于我们心中，心外根本没有理。我们内心中存在的善就是我们处事的标准。在做一件事时，如果内心的善觉得这样做是正确的，那就去做；如果内心的善觉得这样做是不对的，那就不要去做。所以说，我们所有的行为其实都可以靠内心的善去指挥。例如，对兄弟要友爱，对他人要亲切，这其实都是内心的善在引导我们。只要遵循我们内心的善的指引，那我们所做的一切事情都会恰到好处。所以在王阳明看来，最重要的就是去发掘我们内心的善。以下是我整理的朱熹和王阳明对心的一些阐述：

朱熹说：“盖人心之灵，莫不有知，而天下之物，莫不有理。”

王阳明说：“心外无理，心外无事。”

朱熹说：“虚灵不昧，以具众理而应万事者也。”

王阳明说：“虚灵不昧，众理具而万事出。”

对于朱熹的“心理二分”说，在以后的“致知格物”小节中我还会予以详细介绍。从上面我摘得这几句话可以看出，朱熹坚持的是“心理二分”说，而王阳明坚持的则是“心理合一”说。王阳明对朱熹的学说持有很多不同意见。在《传习录》中有如下一段话，很好地表明了王阳明对朱熹“即物穷理”的看法：

> 即物穷理是就事事物物上求其所谓定理者也，是以吾心而求理于事事物物之中，析心与理为二矣。夫求理于事事物物者，如求孝之理于其亲之谓也。求孝之理于其亲，则孝之理其果在于吾之心邪？抑果在于亲之身邪？假而果在于亲之身，则亲没之后，吾心遂无孝之理欤？……是可以知析心与理为二之非矣。

王阳明批评朱熹的“即物穷理”说将心与理分为二，这和告子的“义外”说是如出一辙。在《孟子·告子》篇中，我们可以看到告子的“义外”说，孟子在文中从“仁义固有说”的角度对告子进行批评。孟子和告子的观点、朱熹和王阳明的观点大致如下图所示：

告子——义外	朱熹——理外
孟子——义内	王阳明——理内

孟子与告子的所谓“义”其实就相当于朱熹和王阳明的所谓“理”。用王阳明自己的话来说就是：

> 夫外心以求物理，是以有闇而不达之处。此告子义外之说，孟子所以谓之不知义也。心一而已，以其全体恻怛而言谓之仁，以其得宜而言谓之义，以其条理而言谓之理。不可

外心以求仁，不可外心以求义，独可外心以求理乎？外心以求理，此知行之所以二也。求理于吾心，此圣门知行合一之教，吾子又何疑乎？

“义内义外论”和“理内理外论”虽然用词不同，但意思却是一样的。此外，如果用西洋的“理性论”或者“经验论”来比较两者的话，很容易就会发现它们其实是相同的。不过，王阳明的理论要比朱熹的理论显得稍微那么狭隘一点。朱熹的理论非常宏大，不仅涵盖了人类一切行为，而且包含了天地间的一草一木，认为它们都含有理，而王阳明则仅是从道德法则的层面去说理。

通过以上所述，想必大家对王阳明的“心即理”已经有了初步的认识。如果单从词汇上来看，“心即理”是形而上的东西，并不包含具体的内容。但是，王阳明赋予了“心即理”具体的内容。徐爱和王阳明之间的问与答就是其中一个非常典型的例子。弟子徐爱曾向王阳明请教：

至善只求诸心，恐于天下事理，有不能尽。

王阳明回答他说：

心即理也。天下又有心外之事，心外之理乎？

徐爱依然持怀疑态度，又继续补充道：

如事父之孝，事君之忠，交友之信，治民之仁，其间有许多理在，恐亦不可不察。

王阳明长叹一声，回答他说：

此说之蔽久矣，岂一语所能悟？今姑就所问者言之。且如事父，不成去父上求个孝的理。事君，不成去君上求个忠的理。交友、治民，不成去友上、民上求个信与仁的理。都只在此心。心即理也。此心无私欲之蔽，即是天理，不须外面添一分。以此纯乎天理之心，发之事父便是孝，发之事君便是忠，发之交友、治民便是信与仁。只在此心去人欲、存天理上用功便是。

徐爱继续问道：

闻先生如此说，爱已觉有省悟处。但旧说缠于胸中，尚有未脱然者。如事父一事，其间温凊定省之类，有许多节目，不知亦须讲求否？

王阳明回答他说：

如何不讲求？只是有个头脑。只是就此心去人欲、存天理上讲求。就如讲求冬温，也只是要尽此心之孝，恐怕有一

> 毫人欲间杂。……只是讲求得此心。此心若无人欲，纯是天理，是个诚于孝亲的心，冬时自然思量父母的寒，便自要求个温的道理。夏时自然思量父母的热，便自要求个清的道理，这都是那诚孝的心发出来的条件。却是须有这诚孝的心，然后有这条件发出来。譬之树木，这诚孝的心便是根，许多条件便是枝叶。须先有根，然后有枝叶。不是先寻了枝叶，然后去种根。《礼记》言“孝子之有深爱者，必有和气。有和气者，必有愉色。有愉色者，必有婉容。”须是有个深爱做根，便自然如此。

存天理、去人欲即诚心，即真实无妄之心，而这也正是“心即理”的内容。所谓的“心即理”其实是我们个人的一种主观直觉，并不是客观存在的东西。天理即良知。

此外，还可以将王阳明所谓的“天理”与康德的“无上命令”比较着来看。如果再综合考虑在“心即理”的基础上构建的“知行合一说”以及可视作“心即理”的内容详解的“良知”说的话，那基本就可以了解王阳明的真意了。

知行合一

“知行合一”的含义

从字面上来说，“知行合一”指的是知与行合一并进，所以王阳明也屡次使用“知行并进”这一词汇。一般来说，都是先有知，然后有行，有的时候也会先有行，然后有知，但王阳明取得是中间点，提出的是“知行合一”。总体来说，知与行可以分为以下三种情况：

第一，先知后行。

知 行

第二，知行合一。

知行

第三，先行后知（指的是不去具体实践就不会获得知识）。

行 知

第一种情况大家都非常清楚，所以无需解释，不过此种情况容易陷入光知不行的弊病。第二种和第三种情况需要我们做一些思考，不过两者注重的都是实践，而王阳明的“知行合一”说是对第一种和第三种情况的折中。“知行合一”说的含义大致如下：

一、知必行。

二、知与行并进。

三、无行则无知。

四、若得真知，必须真行。

五、不行就不能得到真知。

六、知是理想，行是实现。真的理想必然会实现。如果不能实现，则说明是空想。空想不能被称之为理想。正是因为世间有太多的空想家，所以王阳明才会提出“知行合一”说。

七、知是理论，行是实际。理论的价值就在于是否符合实际。如果理论不符合实际，那理论就没有价值。王阳明不同意将理论与实际分开来看，所以他提出“知行合一”说也是为了排斥空论。

八、“知行合一”是知行关系论的真相，是知与行的本意。

九、“知行合一”说鼓舞实践的勇气。

十、“知行合一”的行并不仅仅体现在动作上，也可以体现在心上。例如知道心中的恶念这是知，而消除这种恶念则是行。

以上十种解释都是对王阳明“知行合一”说要旨的演绎。从“知行合一”说涉及的范围来看，王阳明从一开始就将其限定在了人的行为上，而没有将整个自然界都包含在内。

但凡政治、道德等一切人的行为上的知都可以通过行来实现，尽管有时候在实现过程中会遇到各种各样的困难，但最终还是可以通过行来实现的。但是自然界的知就不一样了，很多情况下并不能通过行来实现。这也正是王阳明为什么只就人的行为谈“知行合一”的原因。

在谈论“知行合一”时，如果仅停留在形而上上，很容易产生知是什么，行又是什么的疑问。所以，王阳明给“知行合一”加了个“心即理”的基础，告诉大家只有为善去恶才能实现“知行合一”。

如果明知是恶却依然去行恶，那必然会酿成大害。然而，如果了解了“心即理”的含义，那必然会要求自己长善消恶，这样也就能够“知行合一”了。而且，王阳明在提倡“心即理”和“知行合一”时，并没有否认学问的重要性。只是因为当时的儒生都会做学问，所以王阳明才只提“知行合一”，没有刻意去强调学问。如果没有了学问，那“知行合一”也就彻底地沦为了形式主义了。

“知行合一”的要旨

通过以下几句话，我们可以得知王阳明“知行合一”的要旨。

知是行的主意，行是知的功夫。知是行之始，行是知之成。若会得时，只说一个知，已自有行在。只说一个行，已自有知在。

未有知而不行者。知而不行，只是未知。圣贤教人知行，正是要复那本体。

知之真切笃实处即是行，行之明觉精察处即是知。知行功夫本不可离，只为后世学者分作两截用功，失却知行本体，故有合一并进之说。

真知即所以为行，不行不足谓之知。

所喻知行并进，不宜分别前后。

以上话语虽然简单，但是极其重要，非常值得大家熟读玩味。从以上话语可以看出，王阳明所认为的知绝不是模糊朦胧的知，所认为的真知也绝非那种通过耳目见闻所获得的知。如果说得再详细一点，在王阳明看来，那种可能是这样，也可能是那样，模棱两可，幻梦般的知识根本就不具备知识的价值。

凡是不是经过自己的亲身经验获取到的知都不能称之为知。虽然自己觉得得了知，但如果不去实践的话，那也不应该被称为真知。例如，通过所见所闻对“忠义”有了充分的认识，而且也能够做一些关于“忠义”的讨论，但如果不去通过实际行动尽忠的话，就不能说它知道了什么是忠。

同样的道理，通过所见所闻对孝有了充分的认识，但如果不去切实尽孝的话，也不能称之为孝子。所以说，空谈忠与孝，其实是不知道什么是忠与孝。

如上所述，王阳明的“知行合一”说是实践性的，并不是纯理论性的。在实践界，它具有千古不朽的价值。但是，在纯理论界，它又难免会招致非议。尽管会招致纯理论界的非议，但王阳明依然没有改变自己立言的主旨。当然了，如果没有了纯理论界的非议，那王阳明的“知行合一”说岂不就变成了无的放矢，所以说还是有非议好一些吧！

“知行合一说”的疑问与解释

王阳明在最初提出“知行合一”说的时候，门下的很多弟子拘泥于旧有的习惯，还不能立刻接受他的主张，所以常常提出一些问题，有的人觉得“知行合一”根本不可能，还有人觉得“知行合一”说从理论上就不成立。对于当时弟子们的疑问，用以下三个问答，基本都可以概括在内。

（一）徐爱问：

如今人尽有知得父当孝、兄当悌者，却不能孝，却不能悌。便是知与行分明是两件。

王阳明答：

此已被私欲隔断，不是知行的本体了。未有知而不行者。知而不行，只是未知。圣贤教人知行，正是要复那本体。不是着你只恁地便罢。故《大学》指个真知行与人看，说“如好好色”，“如恶恶臭”。见好色属知，好好色属行。只见那好色时，已自好了，不是见了后，又立个心去好；闻恶臭属知，恶恶臭属行，只闻那恶臭时，已自恶了，不是闻了后，别立个心去恶。如鼻塞人，虽见恶臭在前，鼻中不曾闻得，便亦不甚恶。亦只是不曾知臭。就如称某人知孝、某人知悌，必是其人已曾行孝行悌。方可称他知孝、知悌。不成只是晓得说些孝悌的话，便可称为知孝悌。又如知痛，必已自痛了，方知痛。知寒，必已自寒了。知饥，必已自饥了。知行如何分得开？此便是知行的本体，不曾有私意隔断的。圣人教人，必要是如此，方可谓之知。不然，只是不曾知。此却是何等紧切着实的功夫！如今苦苦定要说知行做两个，是甚么意？某要说做一个，是甚么意？若不知立言宗旨，只管说一个两个，亦有甚用？

王阳明发现当时的人只是空谈“知”而不去“行”，于是才提出了“知行合一”说，刻意去鼓励实践。今天我们很多人也是空谈“知”而不去“行”，读罢这段话，应该会颇感惭愧吧！

（二）徐爱问：

古人说知行做两个，亦是要人见分晓。一行做知的功夫，一行做行的功夫，即功夫始有下落。

王阳明答：

此却失了古人宗旨也。某尝说知是行的主意，行是知的功夫。知是行之始，行是知之成。若会得时，只说一个知，已自有行在。只说一个行，已自有知在。古人所以既说一个知，又说一个行者，只为世间有一种人，懵懵懂懂地任意去做，全不解思维省察，也只是个冥行妄作，所以必说个知，方才行得是。又有一种人，茫茫荡荡悬空去思索，全不肯着实躬行，也只是个揣摸影响，所以说一个行，方才知得真。此是古人不得已补偏救弊的说话。若见得这个意时，即一言而足。今人却就将知行分作两件去做，以为必先知了，然后能行。我如今且去讲习讨论做知的工夫，待知得真了，方去做行的工夫。故遂终身不行，亦遂终身不知。此不是小病痛，其来已非一日矣。

这段话非常值得大家仔细品读。当时很多门人都是列举古往今来各位圣贤关于知行的话语去向王阳明提问。王阳明每次也都是按照这一观点去答复的。

（三）顾东桥问：

然工夫次第，不能无先后之差。如知食乃食，知汤乃饮，知衣乃服，知路乃行，未有不见是物，先有是事。

王阳明答：

> 夫人必有欲食之心，然后知食，欲食之心即是意，即是行之始矣。食味之美恶，必待入口而后知，岂有不待入口而已先知食味之美恶者邪？必有欲行之心，然后知路，欲行之心即是意，即是行之始矣。路歧之险夷，必待身亲履历而后知，岂有不待身亲履历而已先知路歧之险夷者邪？知汤乃饮，知衣乃服，以此例之，皆无可疑。

就像上面的问答一样，王阳明无论遇到什么样的疑问，都会及时予以答复，听者无不叹服。这也充分说明王阳明的学说是真理，所以才能够放之四海而皆准。一种学说，如果能够充分运用到具体事物中，那它也就有了千古传诵的价值。同样的道理，能够千古传诵的学说其中必然会包含着一定的真理。

知行的宗旨

在王阳明所生活的时代，很多儒生出现了“只读《论语》便可知《论语》”的弊病。王阳明为了救弊，所以才提出了“知行合一”说。当然了，“知行合一”说并不是一种暂时性的假说，在知行关系论中本来就包含“合一并进”之说，而且合一也是知行的精髓。但是在当时出现了很多不合一，即先知后行的情况，对知行的宗旨妨碍非常大，所以王阳明的“知行合一”说在一开始并不是那么容易被人接受。王阳明曾说：

某今说个知行合一，正是对病的药，又不是某凿空杜撰。知行本体原是如此。今若知得宗旨时，即说两个亦不妨，亦只是一个。若不会宗旨，便说一个，亦济得甚事？只是闲说话。

还说：

知行原是两个字说一个工夫，这一个工夫须着此两个字，方说得完全无弊病。

据此，我们可以了解到王阳明“知行合一”说的宗旨。知行虽然是两个字，但其实是一个功夫。有些时候，即便知行在一开始并没有融汇，但随着事态的发展，最终还是会成为一个整体。总之，将知行分为“知”与“行”两个术语去理解是非常错误的。

王阳明的“知行合一”与程颐的“知行合一”

通过以上的介绍，想必大家对王阳明的“知行合一”说已经越来越熟悉了，接下来我将介绍几个跟王阳明的“知行合一”说非常类似，但又稍有差异的观点。对于知行的关系，程颐曾说：

知至则当至之，知终则当终之，须以知为本。知之深，则行之必至，无有知而不能行者。知而不能行，只是知得浅。饥而不食乌喙，人不蹈水火，只是知。人为不善，只是不知。

即人的本性是趋善避恶，并且会根据善与恶的深浅来确定趋善避恶的程度，不趋善不避恶的人是不存在的。所以说，德育的第一要务就是教会人们分辨善与恶。

从朝代来看，程颐是宋朝人，王阳明是明朝人，所以程颐的“知行合一”说应该算是王阳明“知行合一”说的前辈。但是从思想内容来看，程颐的“知行合一”说其实是更加类似于苏格拉底的“知行合一”说。王阳明的“知行合一”说重视的是实践，而程颐和苏格拉底的“知行合一”说重视的是知识。从提出“知行合一”说的目的来看，三者都是为了拯救时弊。既然提出的是“知行合一”，却偏要给知与行分出个轻重，这似乎有些矛盾，不过如果仔细研究当时的时势和时代精神的话，会发现将知与行分出个轻重也是必然的。

程颐注重知，所以他说：

> 君子知识为本，行次之。今有人焉，力能行之，而识不足以知之，则有异端者出，彼将流荡而不知反。内不知好恶，外不知是非，虽有尾生之信，曾参之孝，吾弗贵矣。

在程颐看来，如果不知好恶，不知是非，即便偶然做出了信义忠孝这样的善行，那也不足为贵。如果没有知识的话，那他就会没有操守。

在注重知的层面，苏格拉底的“知行合一”说和程颐的“知行合一”说有很多相同的地方。所以我们说，比起王阳明，程颐的“知行合一”说其实更加接近于苏格拉底。但是如果仔细比较王阳明与程颐的“知行合一”说的话，会发现王阳明受程颐的启发还是很多的。

王阳明的“知行合一”与苏格拉底的“知行合一”

在苏格拉底生活的时代，存在着一种“真理不可知、道德标准不可定”的妄说。苏格拉底为了反驳它，特意提出了“知行合一”说，指出真理和道德标准都是可知和可定的，而且道德是对真理进行判定的基础。

苏格拉底将知识视作道德的根本，将知识的去伪存真视作第一要务。在苏格拉底看来，有知识的人必然有德行，有德行的人必然会幸福。世间那些做出恶事，毁弃名誉与幸福的人都是因为他们无知。那些无知的人，即便偶尔在无意识中做下一些善事，那也不足以称为德行。所以说，知识、德行与幸福是合一的。

苏格拉底的“知行合一”说和程颐的“知行合一”说有很多相似的地方，它们都是为了应对当时的时势而产生的思想。苏格拉底的“知行合一”说其实也可以被称作是“知德福合一”说或者“知德福因果关系”说。王阳明的“知行合一”说其实可以被称作是“知行合一并进”说。王阳明的学说强调的是知行并进，知行不分轻重，而苏格拉底的学说则是以“知”为主体，将“德”与“福”放在了从属的位置。苏格拉底直接将知识与幸福联系在了一起，但王阳明却没有明确表示知与幸福的关系。王阳明是从儒家“乐天主义”的立场来看待幸福，认为必须在“心即理”的基础上不断完善自己的人格才能得到安宁与幸福。

在今天，“知”是动词，“智”是名词，而在王阳明所处的时代，“知”和“智”其实并没有什么区别，都是名词。王阳明所谓的知与程颐的知识论中所谓的“德性之知”和“见闻之知”还不相同。苏格拉底所谓的知亦是如此。不过，苏格拉底所谓的知的范围要比王阳明宽泛一些。

朱熹、王阳明与知行的关系

在王阳明的“知行合一”说中，必须在一念发动的瞬间去切实地执行去恶存善的功夫。恶念已起，如果不立即将其排除的话，那我们在行的时候，就会犯下过错，就会违背“知行合一”的主旨。我们不仅要诚意，还需要将心上的知与身上的行结合在一起，这样才能实现知行合一。王阳明还将“心即理”融入到了“知行合一”说中，将知行放在本心即良知的指挥之下。王阳明的学说简单易操作，但容易忽视读书讲学的重要性，有陷入枯禅的倾向。

与王阳明相反，朱熹不是特别重视行，他认为必须凭经验对世间事物进行探究之后才能够付诸实践。朱熹将读书讲学放在一个非常重要的位置，并且提出了先知后行的学说。也正因为如此，朱熹终生致力于“训诂注释”，主张“居敬究理”。受其影响，朱熹的弟子们以及后来的再传弟子们也都陷入了读书究理，失去了行的能力，最终也就难免陷入支离破碎之弊。

朱熹和王阳明都是一代大家，所以他们有能力压制住各自学说中的弊害，但是后世的弟子们就没有这种能力了。后来，朱熹和王阳明两大学派的弟子们彼此敌视，产生的弊害非常巨大。当前日本的学界也存在同样的问题，有的学者注重直觉，有的学者注重经验。究竟是直觉对，还是经验对，这其实和学者的个人能力有很大的关系，决不可以轻易地下决断。

由于王阳明的“知行合一”说注重的是实践，所以那些经历事情多的人自然会更容易理解王阳明的心思。对认可王阳明“知行合一”说的人来说，如果世上认为王阳明的理论与实际不符或者用怠慢的语气评价王阳明学说的人越多，那他们就越会觉得有必要去坚持王阳明的“知行合一”说。此外，当那些伦理学者读遍了万卷伦理书，发现自己依然成不了道德家后，他们就会意识到王阳明“知行合一”说的重要性。

王阳明是一名道德实践家，并不是一名伦理学者，像伦理学和论理的区别这样的命题在他的学说中根本就没有触及。再说了，在他生活的年代，还没有产生伦理学这样的学科，所以我们也不能难为古人。现在随着学科的细分，以伦理学为专业的人已不在少数。有的伦理学者以自己不是道德家为借口，将自己的道德堕落到了道德水平线以下，并且还不以为耻，这真是令人汗颜。王阳明提出“知行合一”说并不是为了责备伦理学者，那些仅沉溺于知识探求而最终也不能成就其德行的人才是王阳明批判的对象。总之，王阳明的“知行合一”说是勇往直前的，是活泼的，是惟精惟一的，是果断进取的，不是踌躇懈怠的，也不是优柔寡断的，是需要在“心即理”也即“良知”的指挥下躬身实践的。

良　知

发现"良知"

从《年谱》可以得知，王阳明是三十七岁在贬谪地龙场悟出了"良知"，但他真正提出"致良知"说却是在五十岁左右。其实早在三十七岁之前，王阳明就已经隐隐约约地意识到良知的存在，但他当时并没有使用"良知"这一词汇，用的是"天理"。后来在贬谪地龙场，王阳明豁然顿悟，所以说龙场生活的烦闷与苦难其实是促进王阳明悟出"良知"的一个契机。就如同王阳明自己所说的那样：

> 吾"良知"二字，自龙场以后，便已不出此意。
>
> 一语之下，洞见全体，真是痛快，不觉手舞足蹈。
>
> 某近来却见得"良知"两字日益真切简易。朝夕与朋辈讲习，只是发挥此两字不出。

赖天之灵，偶有悟于良知之学。

圣人已指以示人，只为后人掩匿，我发明耳。

从上面几句话可以窥见王阳明悟出“良知”时的情景。可以推测，王阳明悟出“良知”绝非一朝一夕之功。自古至今，各大宗教和学派的创始人的悟道都不是偶然的，必须经过长年累月的积累、历尽千辛万苦，然后借某种境况的激发才能达到恍然大悟之境。孔子三十而立，释迦牟尼三十大悟，其实都是之前多年修行积累的结果。王阳明之所以能够悟出良知，这和他之前的积累是密不可分的，而且龙场的艰难生活恰巧成为促进他顿悟的一大外部诱因。如果将王阳明的龙场顿悟比作发炮的话，那龙场的艰难生活其实就相当于点火。

良知的体用

王阳明的“良知”说颇为精密周到，单是对良知本体的阐述就用了各种各样的词汇。前文已述，王阳明在早年是用天理来阐述良知。后来，王阳明又吸收诸子百家形容心之本体的词汇来阐述良知的本体，其表述如下：

夫心之本体，即天理也。天理之昭明灵觉，所谓良知也。

良知是天理之昭明灵觉处，故良知即是天理。

良知即是未发之中，即是廓然大公，寂然不动之本体。

王阳明通过以上几句话阐述了心之本体即良知，因此心之体即良知之体，心之用即良知之用。然而，心与良知必然还是存在差异的，王阳明对此的解释是心的发现包括两种，一种是循天理，一种是循人欲。循天理的即良知，循人欲的即邪念。可以看出，王阳明所谓的良知其实包括了知、情、意三方面的内容。西方伦理学家，有的以良心为智力，有的以良心为感情，有的以良心为意志，而王阳明的学说则将这三者都包括在内了。

换言之，从王阳明将良知等同于心之体用的言论也可以看出王阳明的“良知”说其实包含了知、情、意三方面的内容。接下来，我们将探讨知、情、意与良知的关系。首先，我们看一下王阳明表述良知和意的一些话语。

> 心之虚灵明觉，即所谓本然之良知也。其虚灵明觉之良知，应感而动者谓之意。

从这句话中可以看出，良知中已经包含了意。下面这两句话更加明确地表明了良知与意的关系。

> 尝试于心，喜怒忧惧之感发也，虽动气之极，而吾心良知一觉，即罔然消阻，或遏于初，或制于中，或悔于后。
>
> 人若知这良知诀窍，随他多少邪思枉念，这里一觉，都自消融。真个是灵丹一粒，点铁成金。

在王阳明看来，良知中包含的意可以起到扬善祛恶的作用。

此外，良知还包含情的内容，所以我们能够感觉到事物的美与丑。王阳明对此的阐述是：

> 盖良知只是一个天理自然明觉发见处，只是一个真诚恻怛，便是他本体。
>
> 人于寻常好恶，或亦有不真切处，惟是“好好色”“恶恶臭”，则皆是发于真心，自求快足，会无纤假者。
>
> 故虽小人之为不善，既已无所不至，然其见君子，则必厌然掩其不善，而著其善者，是亦可以见其良知之有不容于自昧者也。
>
> 所恶于上，是良知；毋以使下，即是致知。

这句话其实是王阳明借用《大学》中的“絜矩之道”来阐释自己的“良知”说，其中的好恶其实就是良知中的情的内容。此外，王阳明还说：

> 见孺子入井自然知恻隐，此便是良知不假外求。
>
> 若良知之发，更无私意障碍，即所谓“充其恻隐之心，而仁不可胜用矣”。然在常人不能无私意障碍，所以须用致知格物之功胜私复理。

上文中所述的恻隐、恻怛、好恶等其实都是良知中的情的内容。

在对某件事物做出判断和评判时，王阳明经常使用“良知即是非之心”这个短句，由此也可以看出良知中包含知的内容。王阳明曾说：

> 明诚相生，是故良知常觉常照。
>
> 知善知恶是良知。
>
> 良知之体洞然明白，自然是是非非纤毫莫遁。
>
> 凡所谓善恶之机，真妄之辨者，舍吾心之良知，亦将何所致其体察乎？

此外，在王阳明的著作中也可以很轻松地找到知的内容。如果根据以上所述对良知下一个定义的话，那就是良知之体即心的昭明灵觉；良知之用即昭明灵觉之心，即知、情、意在某一行为上的体现。

良知的知、情、意三方面的内容与行为的关系大致如下图所示：

- 良知
  - 行为前
    - 知的内容——判断的
    - 情的内容——感触的（恶与美）
    - 意的内容——命令的
  - 行为后
    - 知的内容——批评的
    - 情的内容——感动的（愉快、悔恨、惭愧）
    - 意的内容——命令的（将来的劝诫，第二命令）

虽然良知包含知、情、意三方面的内容，但是在体现在具体的行为上时，彼此之间肯定会出现强弱的差异。不过，无论存在什么样的差异，知、情、意三方面的内容肯定是共同作用的。这样的例子实在是太多了，我在这里就不列举了。

“良知固有”说

从良知的本体之说我们可以得知良知是人心固有的。不过，我觉得还是有必要再仔细探讨一下。王阳明对良知是固有的阐述大致如下所示：

> 天理在人心，亘古亘今，无有终始；天理即是良知，千思万虑，只是要致良知。
>
> 所幸天理之在人心，终有所不可泯，而良知之明，万古一日。
>
> 良知即是天植灵根，自生生不息。
>
> 盖良知之在人心，亘万古，塞宇宙，而无不同。
>
> 良知之在人心，无间于圣愚，天下古今之所同也。

当门人问王阳明良知是否有起处时，王阳明回答说：

> 良知者，心之本体，即前所谓恒照者也。心之本体，无起无不起，虽妄念之发，而良知未尝不在，但人不知存，则有时而或放耳。虽昏塞之极，而良知未尝不明，但人不知察，则有时而或蔽耳，虽有时而或放，其体实未尝不在也，存之而已耳。虽有时而或蔽，其体实未尝不明也，察之而已耳。若

谓良知亦有起处，则是有时而不在也，非其本体之谓矣。

王阳明为了让大家更加明白良知是固有的，曾明确指出每个人心中都有一个圣人。圣人的原意是指知行完备、至善之人，但王阳明所说的圣人指的则是良知。任何人心中都存有良知。举个极端点的例子，盗贼虽然是坏人，但他们心中依然明白偷盗是不对的，如果被人称为盗贼的话，他们一样会感到羞愧。再打个比方，黑云遮住了太阳，虽然我们看不到太阳，但太阳依然存在。良知亦是如此。所以说，良知是固有的，并不会因为其他事物的遮蔽就不存在了。

良知即良心，它究竟是先天就存在的，还是后天形成的，至今仍是伦理学上讨论的一大问题。经验派认为良知是后天形成的，而直觉派则认为良知是先天就存在的。王阳明属于直觉派，他提出了“良知固有说”，不认为良知是后天形成的，这也导致有些人批评他过于独断。不过，从王阳明论证自己观点的方法来看，在古今教学史上却并不罕见。孟子在谈“性善”时，提出了“仁义固有”说和“良知良能”说，其论证的方法和王阳明是完全一样。佛教在解释“一切众生皆有佛性”时使用的也是和王阳明一样的论证方法。

我们退一步讲，假定良知是后天形成的话，从原始社会到现在已经过去了数千年，社会在不断发展进步，良知也应该在不断进步，但我们今天的良知和原始社会的良知其实并没有什么区别，这也从反面证明了王阳明的“良知固有”说是正确的。况且，王阳明注重的是实践，并不是理论，他的学说强调的是实践躬行，并不是分析研究，再加上他所处的社会环境，王阳明提出“良知固有”说也是完全合乎情理的。

王阳明曾明确指出“良知之明、万古一日”，这是什么意思呢?人的寿命大多达不到百岁，但王阳明却用“万古一日”来形容人固有的良知，可以看出这里所说的良知并不是一个人的良知，而是所有人的良知，也即社会的良知。自古至今的伦理书或者圣贤的教训，谈的都是人的良心和天理，它们共同构成了良知的认知史。我们在社会中生存，在学校中通过各种各样的方式接受教育，其实也都是为了认知我们的良知。自古至今数千年间，道德标准固然发生了一些变化，但是伦理书中所宣扬的那些最本源的道德基础并没有发生变化，这也正是“良知之明、万古一日”的明证。

月圆之夜，所有河流中映照出的月亮都是圆的。天理就如同一轮圆月，而我们的内心就如同河流，天理会在我们每个人的内心中都投下它的影子，而这个影子就是我们的良知。王阳明认为所有人，无论贤愚，都具备良知，这一观点正是从“良知固有”说的基础上发展而来的。

“良知普遍”说

在上一小节中，我介绍了“良知固有”说。为了让大家对良知了解得更清楚一些，在本节中我介绍一下良知普遍说。固有性和普遍性是王阳明良知说的两大特点。王阳明曾指出，上至圣人，下至愚人，都具有良知，只不过圣人能够致良知，而愚人不能致良知。王阳明还说:

> 夫良知者，即所谓“是非之心，人皆有之”，不待学而有，不待虑而得者也。人孰无是良知乎？独有不能致之耳。自圣人以至于愚人，自一人之心，以达于四海之远，自千古之前以至于万代之后，无有不同。

如上所述，良知具有普遍性，无论是文明人，还是野蛮人，都具有良知。如果从精神层面，尤其是道德层面对文明人与野蛮人进行区分的话，他们两者之间的差别就在于对自己良知的认知程度不同。不过有些人还是觉得良知不具备普遍性，对这一问题的阐述请参照上一节良知固有说和下一节良知标准说的相关内容。

“良知标准”说

王阳明曾说：

> 夫良知之于节目时变，犹规矩尺度之于方圆长短也。
>
> 良知看得透彻，随他千言万语，是非诚伪，到前便明。合得的便是，合不得的便非。
>
> 良知在人，随你如何不能泯灭，虽盗贼亦自知不当为盗，唤他做贼，他还忸怩。
>
> 良知真是个试金石、指南针。
>
> 尔那一点良知，是尔自家的准则。尔意念着处，他是便知是，非便知非，更瞒他一些不得。尔只不要欺他，实实落

落依着他做去，善便存，恶便去。他这里何等稳当快乐。

王阳明这句话的意思是如果你跟着良知的判断去采取行动，那么行动之后你自身就会感到快乐；如果你违反良知的判断去采取行动，那么行动之后你自身就会感到痛苦。

此外，王阳明还说：

道即是良知。良知原是完完全全，是的还他是，非的还他非，是非只依着他，更无有不是处。这良知还是你的明师。

在王阳明看来，如果我们顺从良知、信赖良知，并依照良知的指引去采取行动的话，那所有的行动都不会是不善的，良知就如同是一位指引我们向善的老师。

此外，王阳明还说：

良知只是个是非之心，是非只是个好恶，只好恶就尽了是非，只是非就尽了万事万变。

"是非"两字是个大规矩，巧处则存乎其人。

对于良知能否成为所有行为的标准，现在有很多学者对此存有疑问，不过在王阳明看来，良知就是所有行为的标准，这是没有任何疑问的。对于强调实践性的阳明学来说，将良知视为所有行为的标准是完全合理的。我们现在所生活的社会比王阳明所处的社会有了很大的进步，而且我们积累了更多的经验，所以通过判断善与恶来指导实践已经没有任何问题。换言之，我们当前社会的良知已经完全可以满足我们的行为需要。

从实践哲学来看，王阳明将良知视为一切行为标准的学说是没有任何问题的，我们应该给予良知无上的尊敬与信赖。今天，我们应该担忧的不是对善恶判断的不明，而应该是我们知善却不去行、知恶却不去除的习性。简言之，就是我们缺乏实践的勇气。孔子曾将智、仁、勇视为“三大德”，这真的是很有深意。我们今天欠缺的不是智慧，而是勇气。

“致良知”的程度

虽然良知可以成为行为的标准，但是不同的人对良知的发现程度是不同的，也就是说即便良知的本体一样，如果发现程度不同的话，那产生的作用也会大不相同。所以，王阳明提出了“致良知”，并将其视为自己学说中的重要内容。根据发现良知的难易程度，王阳明将人分成了四等。

一、圣人，不须做任何努力，自然就可以发现良知——生知安行（生知者）（上）；

二、贤人，通过学习可以发现良知——学知利行（学知者）（中上）；

三、凡人，通过刻苦学习可以发现良知——困知勉行

（困知者）（中下）；

四、愚人，自己蒙蔽自己，不肯发现良知（困不学者）（下）。

王阳明还打比喻说：

一、圣人的良知就如同青天白日；

二、贤人的良知就如同白云聚散之日；

三、凡人的良知就如同雨天之日；

四、愚人的良知就如同暗夜。

虽然愚人的良知如同暗夜，但是太阳的余光未尽，模模糊糊地依然能够辨明黑白。就如同那些罪大恶极之人，他们的良知其实并未完全泯灭，所以能够知道自己作恶是不对的。王阳明的“致良知”其实就是想将黑夜转化为雨天，然后将雨天转化为白云聚散，最后将白云聚散转化为青天白日。所以说，“致良知”其实就是要发挥我们良心的光明。

然而，王阳明有一次又指出：

圣人亦是学知，众人亦是生知。

这让他的很多弟子迷惑不解。于是就有人问他，这和你之前说的不一样啊，你这么说是什么意思呢？王阳明回答说：

> 这良知人人皆有，圣人只是保全，无些障蔽，兢兢业业，亹亹翼翼，自然不息，便也是学，只是生的分数多，所以谓之生知安行。众人自孩提之童，莫不完具此知，只是障蔽多，然本体之知自难泯息，虽问学克治也只凭他，只是学的分数多，所以谓之学知利行。

从王阳明的回答可以看出，生知安行并不是生来就具备，也并不是不需要后天去学习，而是生来带得多一些，后天学得少一些而已。学问克治需要良知，而致良知又需要学问克治，两者之间是相辅相成，相互促进的关系。此外，米尔黑德（John Henry Muirhead）和格林（Thomas Hill Green）的“自我实现”与“致良知”不同在哪里；佛教的“自证真如”和“致良知”相似在哪里，这些问题也都值得我们去思考一下。

致良知的工夫

前文已经介绍了一些“致良知”的内容，但如何实现“致良知”才是最重要的。王阳明教学的主旨是将进修涵养的方法简单化，所以“致良知”的工夫也力求简单。王阳明所强调的“致良知”的工夫大致如下所示：

“致良知”之工夫
- 静的工夫——静坐澄心（读书、调息等）
- 动的工夫——事上磨炼（活动、实践等）

王阳明曾说：

> 良知明白，随你去静处体悟也好，随你去事上磨炼也好，良知本体原是无动无静的，此便是学问头脑。

王阳明曾教给弟子静坐澄心的工夫，但这并不是“致良知”的唯一方法。当时，弟子们在做学问时有些浮躁，为了矫正这一问题，王阳明特意教给他们静坐澄心工夫。当然了，即便在静处亦需要“致良知”的工夫，小人之所以为不善就是因为他们的“致良知”还未纯熟所致。在王阳明看来，读书是闲暇之时应该做的一门工夫，所以他明确指出读书即“致良知”。此外，王阳明还指出戒慎恐惧也是“致良知”的工夫。

更为重要的是，要在事务繁杂之时去修习“致良知”的工夫。我们的一举一动、一言一行都是“致良知”的好机会。尤其是在一些容易陷溺于声色货利的场合，更需要我们良知的精明。如果身处这样的场合，我们依然保持不陷溺进去的话，那就说明我们“致良知”的工夫已经非常纯熟了。以上所述都是动的工夫。在王阳明看来，事上磨炼是我们进修涵养的最重要方式。

如果不遇到坚硬的树根，我们不会知道刀的利钝；如果不遇到难关，我们也无法检验出良知之力的大小。然而，“致良知”的工夫却是由每个人发现良知的程度决定的。如果我们今天发现了一定程度的良知，那在今天的基础上去扩充就够了。如果明天又发现了一定程度的良知，那在明天的基础上再去扩充就够了。王阳明的这一观点引起了弟子们的疑问，有人问王阳明：

先生格致之说，随时格物以致其知，则知是一节之知，非全体之知也。何以到得“溥博如天，渊泉如渊”地位？

王阳明回答说：

人心是天渊。心之本体无所不该，原是一个天。只为私欲障碍，则天之本体失了。心之理无穷尽，原是一个渊。只为私欲窒塞，则渊之本体失了。如今念念致良知，将此障碍窒塞一齐去尽，则本体已复，便是天渊了。比如面前见天，是昭昭之天。四外见天，也只是昭昭之天。只为许多房子墙壁遮蔽，便不见天之全体。若撤去房子墙壁，总是一个天矣。不可道眼前天是昭昭之天，外面又不是昭昭之天也。于此便见一节之知，即全体之知，全体之知，即一节之知，总是一个本体。

如果我们遇到一件事就认真地去做这件事，遇到两件事就认真地去做这两件事，那经过积累和进步后，做任何事都不会出现问题。时代发展到今天，先贤们已经给我们留下了很多嘉言善行，师长良友也会给我们很多训诫忠告，读书学习的方法也有很多，如果我们善用这些资源，那实现“致良知”绝不会是一件难事。总之，“致良知”的工夫别无他法，唯有知悉心即理的真意，在良知的指挥下为善去恶、知行合一。“致良知”的工夫是非常简易真切的，愈真切则愈简易，愈简易则愈真切。在王阳明看来，我们应该知的就是良知，应该做的就是“致良知”，应该求的就是“致良知”的功夫，做学问的关键就在于“致良知”。

“心即理”“知行合一”与“致良知”的关系

王阳明在三十七岁之前主张的是“心即理”，三十七岁时悟得“格物致知”，从三十八岁开始提倡“知行合一”，在五十岁后开始提倡“致良知”。从王阳明的著作中也可以看出，王阳明在不同时代对“心即理”“知行合一”与“致良知”的论述的繁简程度是大不相同的，但这仅是侧重点不同而已，他并没有改变自己一贯的主张。

但遗憾的是很多不了解王阳明真意的人误认为王阳明改变自己的主张，他们没有认识到“心即理”“知行合一”与“致良知”之间的关系，只是简单地认为王阳明舍弃了甲，得到了乙；然后又舍弃了乙，得到了丙。甚至有人还借此来攻击王阳明，这着实让人感叹。有些人虽然稍微了解一点“心即理”“知行合一”与“致良知”之间的关系，但他们了解得又不深，想去解释又解释不清楚，最后难免会陷入隔靴搔痒之憾。

在我看来，“心即理”“知行合一”与“致良知”是三足鼎立的关系，缺少任何一方，王阳明的学说都无法成立。王阳明年轻时主张“心即理”，在中年时主张“知行合一”，在晚年时主张“致良知”，这一顺序完全是合乎常理的。虽然王阳明直到晚年才完备了王学体系，但其实早在龙场顿悟之时，王阳明的学说就已经确立了，之后的论述其实都是为了让自己的学说更加充实精密而已。可以说，王阳明在悟得“格物致知”时，已经同时悟得了“心即理”“知行合一”与“致良知”。如果王阳明当时没有悟得“心即理”“知行合一”与“致良知”的话，那他也就根本没有能力去解释“格物致知”。

首先说一下“致良知”。要想“致良知”，就必须要格物；要想格物，就必须事上磨炼，要懂得“心即理”；要想懂得“心即理”，就必须要“知行合一”。所以说，要想“致良知”，就根本少不了“心即理”与“知行合一”。

接着说一下“心即理”。我们在做所有的事情时都需要对它的善恶有个判断，这个判断的标准就是良知。要想获得这个判断的标准就必须去“致良知”。如果我们通过良知判断出某件事物是善的时候，就需要立即去执行，不然它就会变得毫无意义。所以说，要想“心即理”，就根本少不了“致良知”与“知行合一”。

再来说一下“知行合一”。此处的知指的是良知，是知善恶之意，并不是普通的通过见闻得到的知识。此处的行指的是如果知道是善的事情就立即去执行，如果知道是恶的事情就立即去消除。可以看出，“知行合一”根本离不开“心即理”，“心即理”也根本离不开“致良知”。所以说，“心即理”“知行合一”与“致良知”缺了任何一方都形成不了完备的阳明学。

如上所述，“心即理”“知行合一”与“致良知”是相辅相成的关系，很难分出轻重。“致良知”离不开“心即理”与“知行合一”，“心即理”与“知行合一”也得依赖“致良知”。讲到这里，可能有人会提出疑问：如果说“致良知”离不开“心即理”与“知行合一”，“心即理”与“知行合一”也得依赖“致良知”，那岂不是陷入了一个死循环，又该将谁放在首位呢？一边说离开了“致良知”就不能实现“心即理”与“知行合一”，一边又说“心即理”与“知行合一”是“致良知”的良法，这又是为何呢？

出现这样的疑问，其实是在所难免。王阳明认为良知是先天存在的，所以良知本来就是昭明灵觉之中的，如果没有外物的遮蔽的话，良知可以很好地判断出善与恶。“致良知”就是为了去除外物的诱惑遮蔽，并不是通过格物给原本没有任何灵能的良知附着一个判断善与恶的灵能。即便良知稍稍受到了外物的诱惑遮蔽，但它依然能够发挥一定的作用，这就犹如是在黑暗中发出的一束光明，通过这束光明可以判断出善与恶，如果仔细对这束光明进行培养扩大的话，那实现“心即理”与“知行合一”也就不难了。在当今这纷乱晦暗的道德界，也真的需要这样一束光明，以帮助我们去判清善与恶。如果王阳明认为良知是后天形成的话，那回答上面的疑问就非常困难了。正因为王阳明的学说是直觉性的，所以上面的疑问也就称不上难题了。

如上文所述，良知放出的光明成就了“心即理”与“知行合一”，“心即理”与“知行合一”又逐渐促成了“致良知”，而“致良知”又促进了良知的进一步扩展。其实在朱熹的学说中，也有类似

"心即理""知行合一"与"致良知"这样的关系，但由于朱熹秉承的是心外有理，即万事万物都有其理的思想，所以他坚持的不是"知行合一"，而是先知后行，与其相对应的就是人心之灵就是知，并且知会随着不断地积累，最终实现豁然贯通。说实话，如果朱熹不坚持这样的观点的话，那他的整个学说就很难成立了。据此，我们也不难推测得出王阳明提出"心即理""知行合一"与"致良知"的真意，其实就是为了应对朱熹的观点。

“四句教”

王阳明在教授弟子时，不仅教给他们“格物致知”之说，还会教给他们“心之本体”和“意之发动”之说。但由于一般人很难理解，所以王阳明就将自己的核心思想精简为四句话，这就是著名的“四句教”，也被称为“四言教”或“四句诀”。“四句教”是将本来就已经非常简洁的阳明学的要诀高度概括，使其更加简洁，更加便于记诵。在整个阳明学中，“四句教”是一项颇为重要的内容。“四句教”非常简洁，而且是渐进式的，全文如下：

无善无恶心之体，
有善有恶意之动。
知善知恶是良知，
为善去恶是格物。

接下来，我对每一句话做一下解释。

无善无恶心之体

心的本体是昭明灵觉的，是寂然不动的，是廓然大公的，是未发之中的，其中并不存在善与恶。即心的本体是纯粹至善的，处于绝对的善的状态，所以说心的本体无善无恶。

有善有恶意之动

意即包括心之本体的发动，又包括过不及的发动。如果是心之本体的发动那就是善，如果是过不及的发动，那就是恶，所以说意之动是有善有恶。

对于以上两句的关系，王阳明曾明确指出：

> 然至善者，心之本体也。心之本体，哪有不善？如今要正心，本体上何处用得功？必就心之发动处才可着力也。心之发动不能无不善，故须就此处着力，便是在诚意。

对于“无善无恶心之体”，有人认为它与孟子的“性善”说不相容，所以对它持批判态度。如果持批判态度的人读了上面这段话的话，我相信这种误解自然就消除了。

知善知恶是良知

究竟是去行本体之善，还是去行过不及之恶，吾心之灵都可以做出判断，这就是所谓的昭明灵觉，也即我们所谓的灵知。

为善去恶是格物

我们在做事时，如果知道是善的则去执行，如果知道是恶的则去去除，即在良知的指挥下去修习“知行合一”的工夫。

王阳明门下的诸弟子大多都是按照以上“四句教”所包含的内容去进行修习，很多人的学业与品行都有了很大的进步。不过，也有一些弟子觉得“四句教”还没有达到极致，应该还有更为高级的理论。再说了，即便是听同样讲义的弟子，由于每个人资质、经验和学习能力的不同，对讲义的领会程度也会存在高低之差。所以，在王阳明的高徒中出现了钱德洪和王畿两人。钱德洪认为王阳明的讲义是定说，不允许有丝毫的改变，而王畿则认为王阳明的教学思想是“应病予药”，强调因人施教，所以不应该固守一成不变的“四句教”。按照王畿的理解，如果心的本体是无善无恶的话，那意、知、物三者自然也都是无善无恶的。如果意、知、物三者是有善有恶的，那与心之本体的无善无恶则是相互矛盾的，所以王畿在王阳明“四句教”的基础上提出了更为方便的四句教：

心是无善无恶之心，

意是无善无恶之意。

知是无善无恶之知，

物是无善无恶之物。

这就是王畿的“四无四句教”，也被称为“四无说”。王阳明的“四句教”是渐进式的，而王畿的“四无四句教”则是顿悟式的。在王畿看来，心、意、知、物都是无善无恶的。如果对“四无四句教”做详细解释的话，那就是：

体用显微只是一机，心意知物只是一事。

体用虽异，但用不离体，体不离用，体用一源，本无善恶。

显微亦然，无显则无微，无微则无显，故显微只是一机。

若论心意知物之异，只异在其名，心意知物本为一事。若意有善有恶，则心知物必然不会无善无恶。心意知物或都无善无恶，或都有善有恶。

王子曾曰：“身心意知物是一件。耳目口鼻四肢，身也，非心安能视听言动？心欲视听言动，无耳目口鼻四肢亦不能，故无心则无身，无身则无心。但指其充塞处言之谓之身，指其主宰处言之谓之心，指心之发动处谓之意，指意之灵明处谓之知，指意之涉着处谓之物，只是一件。”

若悟得心是无善无恶之心，意即是无善无恶之意，知即无善无恶之知，物即是无善无恶之物，盖无心之心则密藏，无意之意则应圆，无知之知则体寂，无物之物则用神。天命之性，粹然至善，神感神应，其机自不容已，无善可名。恶固本无，善亦不可得而有也。是谓无善无恶。若有善有恶，则意动于物，非自然之流行，著于有矣。自性流行者，动而无动；著于有者，动而动也。意是心之所发，若是有善有恶之意，则知与物一齐皆有，心亦不可谓之无矣。

接下来，我着重介绍一下“盖无心之心则密藏，无意之意则应圆，无知之知则体寂，无物之物则用神”这四句。

“无心之心”指的是心之未发，心之本体还没有用的存在，心之本体蕴藏着巨大的能力，能够发挥万般的作用。

“无意之意”指的是不去刻意营造，不受内心活动的影响，最终达到一种圆满无碍的境界。“无意之意”并不是机械性的动作，而是意之作用的最精妙之处。

“无知之知”指的是没必要刻意去求知，知本自静寂，所谓的“无知之知”也是静寂，这正是知的妙用。

“无物之物”指的是无事之事，其用不止于一，神变妙用。在王阳明的语录中，将物通过事来解释的例子并不少见。无事之用其实要比有事之用花费更大的辛劳，这和无为之用要比有为之用更为神奇是一样的道理。

上述四句话是王畿悟出善恶的特殊关系后所得到的结论。对我们普通人来说，确实极其难以理解。王畿对王阳明所说的“无善无恶心之体，有善有恶意之动”表示怀疑，认为如果是善的话，那心、意、知、物应该都是善的才对。

钱德洪认为王畿之论是对师门教法的破坏，王畿的学说其实都是自己所得，身为弟子本应跟随师父，不可妄改师父的思想。不过，如果固守师父的学说，并将其视为定案的话，那又难免会流于言辞，而缺少了思想性。

钱德洪坚持的观点是心之本体是天命之性，本无善无恶，后人因受外物的侵染，而于一念一念上积累下善恶。格物、致知、诚意、修身其实就是为了去除掉善恶，恢复心之本体。如果说本来就没有善恶的话，那也就不需要格物、致知、诚意、修身这样的工夫了。

嘉靖六年（1527年）九月，王阳明奉命前往思恩和田州征讨那里的反贼，就在踏上征途的头一天晚上，钱德洪对王畿说：

“吾等二人所见不同，究竟该教给他人什么观点，我们还是去请教一下师父吧！”

当天晚上，王阳明送别客人之后，正准备进卧室休息，听闻钱德洪和王畿正在庭院内等候并有问题向他请教，于是就又将座席移到了天泉桥上。

自古至今，吴越之地都因山水名胜众多而闻名，王阳明对弟子的很多教化也都是在游山玩水间完成的。那天夜里，天泉桥上风致闲雅幽邃，秋高气爽，明月皓皓，凉风徐徐，银波潋滟。钱德洪和王畿将两人辩论的始末告诉王阳明，并向王阳明请教。王阳明听罢两人的陈述，非常高兴，回答他们说：

我今将行，正要你们来讲破此意。二君之见正好相资为用，不可各执一边。我这里接人原有此二种：利根之人，直从本源上悟入。人心本体原是明莹无滞的，原是个“未发之中”，利根之人一悟本体，即是功夫，人己内外一齐俱透了。其次，不免有习心在，本体受蔽，故且教在意念上实落为善去恶，功夫熟后，渣滓去得尽时，本体亦明尽了。汝中之见，是我这里接利根人的；德洪之见，是我这里为其次立法的。二君相取为用，则中人上下皆可引入于道。若各执一边，眼前便有失人，便于道体各有未尽。

然后，王阳明接着又说：

以后与朋友讲学，切不可失了我的宗旨：无善无恶是心之体，有善有恶是意之动，知善知恶是良知，为善去恶是格物。只依我这话头随人指点，自没病痛。此原是彻上彻下功夫，利根之人，世亦难过，本体攻夫一悟尽透。此颜子、明道所不敢承当，岂可轻易望人！人有习心，不教他在良知上实用为善去恶功夫，只去悬空想个本体，一切事为俱不着实，不过养成一个虚寂。此病痛不是小小，不可不早说破。

是夜，钱德洪和王畿都有省悟。

以上就是著名的“天泉证道”，王阳明的学说开始变得统一，这不仅是钱德洪和王畿之幸，同时也是阳明学之幸。[①]

---

① 本讲选自日本广文堂1915年出版的《王阳明详传》，本版由杨田翻译。

／附　录／
文成王阳明先生守仁

王守仁，字伯安，学者称之为阳明先生，浙江余姚人也。父华，成化辛丑（1481年）进士第一人，仕至南京吏部尚书。先生娠十四月而生，祖母岑夫人梦神人送儿自云中至，因命名为云。五岁，不能言，有异僧过之曰："可惜道破。"始改今名。豪迈不羁，十五岁，纵观塞外，经月始返。十八岁，过广信，谒娄一斋，慨然以圣人可学而至。登弘治己未（1499年）进士第。授刑部主事，改兵部。逆（刘）瑾矫旨逮南京科道官，先生抗疏救之，下诏狱，廷杖四十，谪贵州龙场驿丞。瑾遣人迹而加害，先生托投水脱去，得至龙场。瑾诛，知庐陵县（1510年），历吏部主事、员外郎、郎中，升南京太仆寺少卿、鸿胪寺卿。时虔、闽不靖，兵部尚书王琼特举先生以左佥都御史巡抚南、赣。未几，遂平漳南、横水、桶冈、大帽、浰头诸寇。己卯（1519年）六月，奉敕勘处福建叛军。至丰城而闻宸濠反，遂返吉安，起兵讨之。宸濠方围安庆，先生破南昌，濠返兵自救，遇之于樵舍，三战，俘濠。武宗率师亲征。群小张忠、许泰欲纵濠鄱湖，待武宗接战而后奏凯。先生不听，乘夜过玉山，集浙江三司，以濠付太监张永。张永者，为武宗亲信，群小之所惮也。命兼江西巡抚。又明年（1521年），升南京兵部尚书，封新建伯。嘉靖壬午，丁冢宰忧。丁亥（1527年），原官兼左都御史，起征思、田。思、田平，以归师袭八寨、断藤峡，破之。先生幼梦谒马伏波庙，题诗于壁。至是，道出祠下，恍如梦中。时先生已病，疏请告。至南安，门人周积侍疾，问遗言。先生曰："此心光明，亦复何言。"顷之而逝，嘉靖七年戊子（1529年）十一月二十九日也。年五十七。

先生之学，始泛滥于词章，继而遍读考亭之书，循序格物，顾物理吾心终判为二，无所得入。于是出入于佛、老者久之。及至居夷处困，动心忍性，因念圣人处此更有何道？忽悟格物致知之旨，圣人之道，吾性自足，不假外求。其学凡三变而始得其门。自此以后，尽去枝叶，一意本原，以默坐澄心为学的。有未发之中，始能有发而中节之和，视、听、言、动，大率以收敛为主，发散是不得已。江右以后，专提"致良知"三字，默不假坐，心不待澄，不习不虑，出之自有天则。盖良知即是未发之中，此知之前更无未发；良知即是中节之和，此知之后更无已发。此知自能收敛，不须更主于收敛；此知自能发散，不须更期于发散。收敛者，感之体，静而动也；发散者，寂之用，动而静也。知之真切笃实处即是行，行之明觉精察处即是知，无有二也。居越以后，所操益熟，所得益化，时时知是知非，时时无是无非，开口即得本心，更无假借凑泊，如赤日当空而万象毕照。是学成之后又有此三变也。

先生悯宋儒之后学者，以知识为知，谓"人心之所有者不过明觉，而理为天地万物之所公共，故必穷尽天地万物之理，然后吾心之明觉与之浑合而无间"。说是无内外，其实全靠外来闻见以填补其灵明者也。先生以圣人之学，心学也。心即理也，故于致知格物之训，不得不言"致吾心良知之天理于事事物物，则事事物物皆得其理"。夫以知识为知，则轻浮而不实，故必以力行为工夫。良知感应神速，无有等待，本心之明即知，不欺本心之明即行也，不得不言"知行合一”。此其立言之大旨，不出于是，而或者以释氏本心之说，颇近于心学，不知儒释界限只一理字。释氏于天地万物之理，一切置之度外，更不复讲，而止守此明觉。世儒则不恃此明觉，而求理于天地万物之间，所为绝异。然其归理于天地万物，归明觉于吾心，则一也。向外寻理，终是无源之水，无根之木，总使合得，本体上已费转手，故沿门乞火与合眼见暗，相去不远。先生点出心之所以为心，不在明觉而在天理。金镜已坠而复收，遂使儒释疆界渺若山河，此有目者所共睹也。试以孔、孟之言证之。致吾良知于事物，事物皆得其理，非所谓“人能弘道”乎？若在事物，则是“道能弘人”矣。告子之外义，岂灭义而不顾乎？亦于事物之间求其义而合之，正如世儒之所谓穷理也，孟子胡以不许之，而四端必归之心哉！嗟乎，糠秕眯目，四方易位，而后先生可疑也。隆庆初，赠新建侯，谥文成。万历中（1584年），诏从祀孔庙，称“先儒王子”。

节选自黄宗羲《明儒学案》